Modern
SPANISH
Grammar
WORKBOOK

Routledge Modern Grammars

Series concept and development – Sarah Butler

Related title:

Modern Spanish Grammar

Modern SPANISH Grammar WORKBOOK

Juan Kattán-Ibarra

ROUTLEDGE

London and New York

First published 1997 by Routledge
11 New Fetter Lane, London EC4P 4EE

Simultaneously published in the USA and Canada
by Routledge
29 West 35th Street, New York, NY 10001

© 1997 Juan Kattán-Ibarra

Illustrations by Matthew Crabbe

Typeset in Utopia by Solidus (Bristol) Limited
Printed and bound in Great Britain by
TJ Press Ltd, Padstow, Cornwall

British Library Cataloguing in Publication Data
A catalogue record for this book is available from the British Library

Library of Congress Cataloging in Publication Data
A catalogue record for this book is available from the Library of Congress

ISBN 0-415-12099-3

Contents

Acknowledgements

The author would like to express his thanks to Christopher J. Pountain of Queens' College Cambridge for his valuable collaboration in the production of this workbook. Thanks are also due to Juan Luzzi for his assistance in all stages of production of the manuscript.

Introduction

Modern Spanish Grammar Workbook, like its companion volume
Modern Spanish Grammar, is divided into two parts: Structures and Functions.

The *Structures* section provides practical exercises on the basic grammar of Spanish, and it will
be a good idea to work from this section if you can identify specific points on which you need
practice (e.g. the subjunctive, agreements, use of verb forms, etc.).

The *Functions* section is organized according to language use in particular situations. Here you
can practise not only the associated grammatical structures, but also set phrases and ways of
doing things, such as apologizing, describing a person, asking your way, and so on.

The two sections inevitably overlap to a certain extent, although the nature of the exercises in
the two parts is generally different. You will find cross-references between exercises which deal
with similar points or similar uses of language. The *Workbook* contains exercises at all levels and
aims to be comprehensive in its coverage of the basic structures of the language. A full key is
provided at the end of the book.

The *Workbook* has been designed to be used independently or as a complement to *Modern
Spanish Grammar* and full cross-referencing to the *Grammar* is provided at the end of the book.
You should consult the *Grammar* for the elucidation of any difficulties you encounter in working
through the exercises: in this way the *Workbook* can be used successfully for private study as
well as being a convenient resource for taught courses.

1 *Structures*

1 *Pronunciation and spelling*

1

You and a Spanish-speaking person are going through a list of names on the phone, which includes your own.

Spell your name as well as the following ones.

(a) James Stockton
(b) Karen Johnson
(c) Christopher Watson

(d) Gerry Dixon
(e) Jean Davidson
(f) Elizabeth MacQueen

2

Daniel wrote the following letter to Maria but his computer didn't have accents. Can you put them in?

> Querida Maria:
> ¡Hola! ¿Como estas? El sabado recibi tu carta, en la que me dices que vendras a pasar unos dias aqui. ¡Que buena noticia! ¡No sabes cuanto me alegro! ¿Que dia y a que hora llegaras?
> Yo tomare vacaciones a partir de la proxima semana, asi que estare libre para salir contigo. Podriamos pasar unos dias en la playa. ¿Que te parece? Nicolas me ofrecio su casa. ¿Te acuerdas de el? Es el chico que viajo conmigo a Sudamerica el año pasado.
> Escribeme en cuanto este lista tu reserva, o bien llamame por telefono al numero 675 2846. Me gustaria ir a buscarte al aeropuerto. Un abrazo. Daniel

3

Place a written accent on the words in italics where appropriate.

(a) No he tenido noticias de *el* desde *el* verano pasado.
(b) Para *mi*, *mi* trabajo y *mi* familia son lo más importante.
(c) *Se* que *se* llama Antonio, pero no *se* cómo *se* apellida.
(d) Les pregunté *si* querían acompañarnos y dijeron que *si*.
(e) Era *solo* un niño cuando murió su madre y se quedó muy *solo*.
(f) Hay un *solo* problema. *Solo* Luis sabe dónde está la llave.
(g) *Tu* teléfono no funciona. ¿Sabes *tu* qué le pasa?
(h) Le pregunté *cuando* me lo entregaría y dijo que llamaría *cuando* estuviera listo.

2 Gender and gender agreements

1 Fill in the blanks with the following adjectives establishing appropriate gender agreement between these and the nouns they qualify.

duro	primero	delicioso	consumado	frío	rojo	rápido
complicado						

(a) El agua del río estaba sumamente _____.
(b) ¡Qué comida más _____!
(c) ¡Qué problema más _____!
(d) La policía actuará con mano _____ contra los delincuentes.
(e) Carlos es un artista _____.
(f) Su moto es muy _____.
(g) Ésta es su _____ foto. El niño tenía un mes cuando la tomé.
(h) Olvidé mi pijama _____ en el hotel.

2 Explain the difference in meaning between the following pairs of words.

(a) el capital – la capital
(b) el corte – la corte
(c) el cura – la cura
(d) el frente – la frente
(e) el guía – la guía
(f) el manzano – la manzana
(g) el margen – la margen
(h) el naranjo – la naranja
(i) el orden – la orden
(j) el partido – la partida
(k) el pendiente – la pendiente
(l) el policía – la policía

3 Give the feminine equivalent of the following words.

(a) el actor
(b) el alcalde
(c) el caballo
(d) el cantante
(e) el dentista
(f) el estudiante
(g) el joven
(h) el príncipe
(i) el profesor
(j) el rey
(k) el varón
(l) el yerno

3 Plurals and number agreements

1 Give the plural of the following words.

(a) el agua
(b) el carácter
(c) español
(d) el programa
(e) hindú
(f) inglés
(g) israelí
(h) el lápiz
(i) el lunes
(j) el ordenador
(k) el origen
(l) el paraguas
(m) el régimen
(n) el rey

2 Fill in the blanks with the following adjectives, establishing appropriate agreement with the nouns they qualify.

lento	bronceado	evidente	concurrido	entreabierto	primero
rojo	poco	corto	frío	castaño	disponible

Aún recuerdo el día en que vi a Ana por _____ (1) vez. Era un _____ (2) día de invierno y yo estaba sentado en un _____ (3) café de la Plaza Mayor. Se dirigió a paso _____ (4) hacia una de las _____ (5) mesas _____ (6), eligiendo una junto a una ventana _____ (7). Su tez _____ (8) y su pelo _____ (9) contrastaban con su falda y zapatos _____ (10). Algunos parroquianos la miraban con _____ (11) curiosidad y atención.

4 *The articles*

1 Fill in the blanks with a definite article, where appropriate, including the neuter form **lo**.

(a) ¿Qué es _____ felicidad?
(b) _____ importante es que te sientas bien.
(c) _____ negro no te sienta.
(d) Hablo _____ inglés y _____ francés, pero _____ inglés me resulta más fácil.
(e) _____ mejor de Madrid son sus cafés.
(f) _____ que sea mi jefa no le da derecho a hablarme así.
(g) ¡No sabes _____ guapa que te ves!
(h) _____ hambre ha llevado a muchos a emigrar.
(i) No suelo beber _____ café. Prefiero _____ té.
(j) _____ bueno de mi trabajo es que tengo largas vacaciones.
(k) En _____ verano suelen ir a San Sebastián, pero _____ verano pasado fueron a Ibiza.
(l) _____ España de la transición vivió momentos convulsionados.

2 Fill in the blanks in this passage with definite articles, where appropriate, including the neuter form **lo**.

_____ (1) rápida acción de _____ (2) policía desbarató _____ (3) plan de _____ (4) ladrones que intentaban ingresar en _____ (5) casa a través de _____ (6) puerta trasera. _____ (7) arma arrebatada a uno de ellos ayudará a _____ (8) identificación de _____ (9) malhechores. _____ (10) hecho, ocurrido ayer _____ (11) lunes por _____ (12) tarde mientras _____ (13) ocupantes de _____ (14) número 54 de _____ (15) calle Benavente se encontraban fuera de _____ (16) ciudad, causó _____ (17) alarma entre _____ (18) habitantes de este tranquilo barrio. Según manifestó _____ (19) jefe policial, _____ (20) aumento de _____ (21) delincuencia es _____ (22) que más preocupa a _____ (23) vecinos de _____ (24) barrio Bellavista.

3 Fill in the blanks in this passage with an indefinite article where necessary.

Margarita Durán es _____ (1) licenciada en lengua y civilización españolas y trabaja como _____ (2) profesora en _____ (3) escuela de idiomas. Margarita no tiene _____ (4) casa y vive con _____ (5) amigos en _____ (6) viejo piso de la calle de Velázquez. Como no tiene _____ (7) coche, viaja hasta la escuela en _____ (8) autobús.

Margarita es también _____ (9) excelente nadadora y por la tarde toma _____ (10) autobús hasta _____ (11) polideportivo que está a_____ (12) media hora de la escuela. Carmen, _____ (13) otra nadadora, que es _____ (14) amiga de Margarita, suele llevarla en coche hasta su casa.

5 Adjectives

1

Fill in the blanks in this dialogue with the correct form of the following adjectives.

ninguno	tercero	alguno	santo	bueno

– ¿Conoce usted _____ (1) _____ (2) hotel por aquí?
– Por aquí no hay _____ (3) hotel, pero en la calle de _____ (4) Juan hay dos o tres. Siga usted todo derecho hasta el _____ (5) semáforo y gire a la izquierda. Allí verá el hotel del Pinar. Es un hotel muy _____ (6). Se lo recomiendo.
– ¿Y hay _____ (7) farmacia por aquí?
– No, por aquí no hay _____ (8) farmacia, pero seguramente en la Plaza de _____ (9) Ana encontrará una. Está al final de la calle de _____ (10) Juan.

2

Put the adjectives in brackets in the correct form and most appropriate order within each sentence.

(a) La línea vuela a todas partes del mundo. (británico/aéreo)
(b) Los estudiantes están asustadísimos con el examen. El profesor es muy estricto. (pobre)
(c) El dinero fue hallado al fondo de una caverna. (oscuro)
(d) Aquel día Antonia llevaba un hermoso vestido. (rojo)
(e) El terremoto no dejó ni una casa en pie. (solo)
(f) Ha tenido grandes dificultades. (económico)
(g) El atraco ocurrió en una calle en el centro de la ciudad. (peatonal)
(h) La familias recibirán ayuda económica del gobierno. (pobre)
(i) ¡Qué porvenir le espera a Nicolás! (negro)
(j) Todavía quedan problemas por resolver. (numeroso)

3

Explain the difference in meaning between the adjectives in italics in the following pairs of sentences.

(a) La *antigua* capital de Guatemala era Antigua.
    Es la iglesia más *antigua* de la ciudad.
(b) María tiene un *cierto* encanto. ¿No crees tú?
    Es *cierto*. A mí también me encanta.
(c) Él tiene una versión *distinta* de los hechos.
    Consultó *distintos* médicos, pero ninguno pudo curarla.

(d)   Es un hotel *grande* y moderno.
       Fue un *gran* error habérselo dicho.
(e)   Compró un coche *nuevo*.
       Compró un *nuevo* coche.
(f)   Laura es *única*.
       Laura es su *única* hija.
(g)   La respuesta es *simple*.
       Fue una *simple* coincidencia.
(h)   El aire *puro* te hará bien.
       Es la *pura* verdad.

6   Comparative forms of adjectives and adverbs

⇒

1

37

Martín wants to study English and has made the following notes about two schools. Use the information in the box to complete the sentences below, comparing each of the features listed by Martín. Use expressions like **más/menos . . . que, tan . . . como, tanto . . . como**, as appropriate.

The first sentence has been done for you.

	Escuela Central	Instituto Pax
Antigüedad	25 años	4 años
Distancia al metro	5 minutos	5 minutos
Inscripción	10.000 pesetas	15.000 pesetas
Alumnos por grupo	12	12
Nº de horas por semana	20	15
Horario	9.00–13.00	9.00–12.00
Instalaciones	buenas	regulares
Impresión general	buena	regular

(a)   La Escuela Central es *más antigua que* el Instituto Pax.
(b)   La Escuela Central está _____ cerca del metro _____ el Instituto Pax.
(c)   La Escuela Central es _____ barata _____ el Instituto Pax.
(d)   La Escuela Central tiene _____ alumnos por grupo _____ el Instituto Pax.
(e)   El Instituto Pax tiene _____ horas de clase por semana _____ la Escuela Central.
(f)   Las clases en la Escuela Central empiezan _____ temprano _____ en el Instituto Pax.
(g)   La Escuela Central tiene _____ instalaciones _____ el Instituto Pax.
(h)   Tengo la impresión de que la Escuela es _____ _____ el Instituto Pax.

2

Cristina is not too happy about the way Aurora has been describing some mutual friends. Make Aurora's sentences less categoric by rephrasing them using **tan _____ como**.

P. ej.:

Carlos es más aburrido que Julián.

> Carlos no es tan interesante como Julián.

(a) Carlos es más perezoso que Julián.

(b) Elena es más gorda que Isabel.

(c) Luis es más lento que Francisca.

(d) Pedro es más feo que Miguel.

(e) Gabriel es más avaro que su padre.

(f) Leonor es mayor que Julia.

(g) Daniel y Carmen son más desordenados que su hermanos.

(h) Paco y Pepe son más irresponsables que Pablo.

3

Use the adjectives in brackets or one of their forms to make up questions and then answer them accordingly.

P. ej.:

¿(importante) ciudad de Estados Unidos?

> ¿Cuál es la ciudad más importante de Estados Unidos?

> La ciudad más importante es Nueva York.

(a) ¿(grande) ciudad de Gran Bretaña?

(b) ¿(rápido) forma de viajar?

(c) ¿(barato) medio de transporte?

(d) ¿(alto) monte del mundo?

(e) ¿(frío) meses del año?

(f) ¿(bueno) época del año para visitar tu país?

(g) ¿(bueno) tu virtud como persona?

(h) ¿(malo) tu defecto como persona?

7 *Numbers*

1

Read and then write the following figures in words.

(a) 31

(b) 77

(c) 99

(d) 101

(e) 261

(f) 305

(g) 492

(h) 957

(i) 1.231

(j) 2.579

(k) US$ 11.651

(l) US$ 50.010

(m) $ 105.934 pesos

(n) $ 1.549.001 pesos

(o) 3.032.712

(p) 8.999.205

2 Read the following names.

(a) Juan Carlos I
(b) Alfonso X
(c) Alfonso XIII
(d) Isabel II de Inglaterra
(e) Enrique VIII
(f) Juan Pablo II

3 Read the following times.

(a) 5.15
(b) 7.30
(c) 9.25
(d) 10.30
(e) 11.40
(f) 12.00

4 Read the following dates.

(a) 12.10.1492
(b) 19.1.1911
(c) 14.4.1931
(d) el siglo VII
(e) el siglo XIX
(f) el siglo XXI

5 Give the following dates.

(a) ¿Cuál es la fecha de tu nacimiento?
(b) ¿Recuerdas alguna fecha importante en tu vida? ¿Cuál?
(c) ¿A cuánto estamos hoy?

8 *Personal pronouns*

1 Replace the words in italics by an appropriate object pronoun, making other changes where necessary. More than one position is possible in some cases.

(a) Envié dos postales *a mis padres* desde Venezuela.
(b) Recibieron *las postales* después de mi llegada.
(c) Traje un hermoso regalo *para Mafalda*.
(d) He comprado algo *para ti y Nicolás*.
(e) Voy a llamar *a Antonia* para saludarla.
(f) No cuentes *lo ocurrido a mi madre*.
(g) Mándale *estas fotos a Mario*.
(h) Estoy buscando *su dirección*.

2 Fill in each of the blanks with an appropriate personal pronoun, making other changes where necessary.

(a) Váyanse ustedes al hotel Carrera. _____ _____ recomiendo.
(b) Si quieres la dirección de Nori, _____ _____ daré en seguida.
(c) No _____ dijimos al abuelo lo sucedido. No _____ pareció prudente, aunque él _____ sospechaba.
(d) Hice todo lo que _____ pedisteis. _____ _____ aseguro.
(e) No puedo encontrar la avería. Estoy tratando de localizar _____.

(f) Si ves a Miguel y Juan Carlos di _____ que _____ llamen. Tengo algo que decir _____.

(g) Quiero la sal. Pása _____ _____, por favor.

(h) No queríamos que Julio se enterara. Tratamos de ocultár _____ _____, pero no _____ logramos.

(i) Perdóname, pero _____ _____ cayeron tus gafas y _____ _____ rompieron. _____ compraré otras.

(j) Disculpa que no te haya traído tu dinero. _____ _____ olvidó.

3 Alter the position of the pronouns in italics where possible.

(a) ¿Vas a contár*selo* a Sara?

(b) ¡Cómo podría decir*le* una cosa así!

(c) *Nos lo* tenéis que devolver cuanto antes.

(d) *Te* he dicho que *me lo* traigas. Quiero leer*lo*.

(e) Tráe*melo* mañana mismo.

(f) *Se lo* vengo diciendo desde hace mucho tiempo, pero no *me* hace caso.

(g) Estoy terminándo*la*. Si vuelves a interrumpir*me* te vas de aquí.

(h) Acabamos de comprar*los*, pero *los* pensamos vender lo antes posible.

4 Fill in the blanks in this dialogue with the most appropriate pronouns.

En una tienda

DEPENDIENTA: Buenas tardes señora, ¿qué desea?

CLIENTA: Por favor, ¿ _____ (1) enseña ese vestido que está en el escaparate?

DEPENDIENTA: Un momentito, por favor. _____ (2) _____ (3) enseño en seguida. ¿ _____ (4) prefiere en este mismo color?

CLIENTA: Sí, ese color _____ (5) gusta mucho.

DEPENDIENTA: También _____ (6) tenemos en rojo y en azul.

CLIENTA: No, _____ (7) prefiero en negro.

DEPENDIENTA: A _____ (8) también _____ (9) gusta el negro. _____ (10) encuentro más elegante.

CLIENTA: Sí, claro. ¿Puedo probár _____ (11) _____ (12)?

DEPENDIENTA: Sí, por supuesto, el probador está al fondo. (La clienta _____ (13) prueba el vestido.) ¿Cómo _____ (14) queda?

CLIENTA: _____ (15) queda muy bien. _____ (16) voy a llevar.

5 Fill in each blank in this letter with a suitable personal pronoun.

¡Hola Marisol y José!
_____ (1) escribo para dar _____ (2) una buena noticia. Fernando y yo acabamos de alquilar un apartamento en las afueras de Alicante. Aún no _____ (3) hemos mudado, pero pensamos hacer _____ (4) muy pronto.
A Fernando _____ (5) encanta el barrio. A _____ (6) también, aunque _____ (7) costará acostumbrarme a vivir lejos del centro. A los chicos _____ (8) quedará un poco lejos del colegio, pero Fernando irá a dejar _____ (9) en el coche.
Aún no tenemos teléfono, pero _____ (10) daremos nuestro nuevo número en cuanto _____ (11) instalen. Tendréis que venir a ver _____ (12). Un abrazo. Soledad

9 Demonstratives

1 Fill in each blank in these dialogues with **este** or **ese**, establishing gender and number agreement as appropriate.

(a) – Perdone, ¿cuál es la oficina de la señora Ríos?
   – Es _____, la que está al final del pasillo.

(b) – Perdone, ¿es _____ (1) la oficina de la señora Ríos?
   – Sí, es _____ (2). Pase usted.
   – Traigo _____ (3) cartas y _____ (4) documentos para ella.
     Aquí tiene.
   – Gracias.
   – ¿Quiere firmar _____ (5) recibo, por favor?
   – Sí, por supuesto.

2 Fill in each blank in this dialogue with **ese** or one of its forms.

– ¿Cuánto valen _____ (1) pantalones que están en el escaparate?
– ¿Cuáles?
– _____ (2), los negros, los que están al lado de _____ (3) camisas de cuadros.
– _____ (4) los tenemos de oferta a cinco mil pesetas.
– Y _____ (5) chaqueta, ¿cuánto cuesta?
– _____ (6) vale siete mil quinientas pesetas.

3 Victoria has returned to her home town after many years and she describes the town to a friend. Fill in each blank with **este**, **ese**, **aquel**, or one of their forms. More than one alternative is possible in some cases.

Mira, yo me fui de aquí en el año 1950 y en _____ (1) tiempo yo vivía en las afueras del pueblo. En _____ (2) esquina, donde estamos ahora, había una tienda, y en _____ (3) otra esquina, al otro lado de la calle, había un bar. En _____ (4) años prácticamente no llegaban turistas a _____ (5) pueblo. _____ (6) no era más que un pequeño pueblo de pescadores. ¿Ves la iglesia que está allá lejos en _____ (7) colina? Pues, allí estaba el único hotel del pueblo. No te imaginas lo que ha cambiado todo _____ (8). Parece otro sitio. _____ (9) calle donde estamos, por ejemplo, era mucho más estrecha y la mayoría de _____ (10) tiendas no existía.

⇒ 35(2), 35(3), 35(4)

10 Possessives

⇒ 40

1 Complete these sentences with appropriate possessive adjectives referring to the words in italics.

(a) *Antonio y Raquel* acaban de casarse. _____ boda fue ayer.
(b) *Ricardo y yo* pasaremos _____ vacaciones en Guatemala.
(c) *Paloma* aún no ha regresado de _____ viaje a Sudamérica.
(d) (*Tú*) no debes olvidar _____ pasaporte.
(e) Si (*vosotros*) queréis, puedo haceros _____ reservas ahora mismo.
(f) (*Yo*) he pasado _____ vacaciones en casa de _____ hermana.
(g) *Carlos*, ¿me das _____ número de teléfono, por favor?
(h) Estimado *señor Molina*: En respuesta a _____ carta del 24 de abril . . .

2 Complete each of the sentences which follow with the correct possessive.

P. ej.:
Vamos en tu coche. Vamos en *el tuyo*.

(a) Hagamos la fiesta en tu casa. Hagámosla en _____.
(b) Te prestaré mi libro. Te prestaré _____.
(c) Si no te importa, llevaré tus llaves. Si no te importa, llevaré _____.
(d) ¿Puedo utilizar tu diccionario? ¿Puedo utilizar _____?
(e) Te daré nuestro teléfono. Te daré _____.
(f) Por favor, deme su dirección. Por favor, deme _____.
(g) Carmen comparte su casa con un compañero _____.
(h) Puedes dormir en mi habitación. Puedes dormir en _____.
(i) He reservado vuestros asientos. He reservado _____.
(j) Amalia y Luis pasaron la Navidad con unos parientes _____.

3 Look at this family tree and answer the following questions.

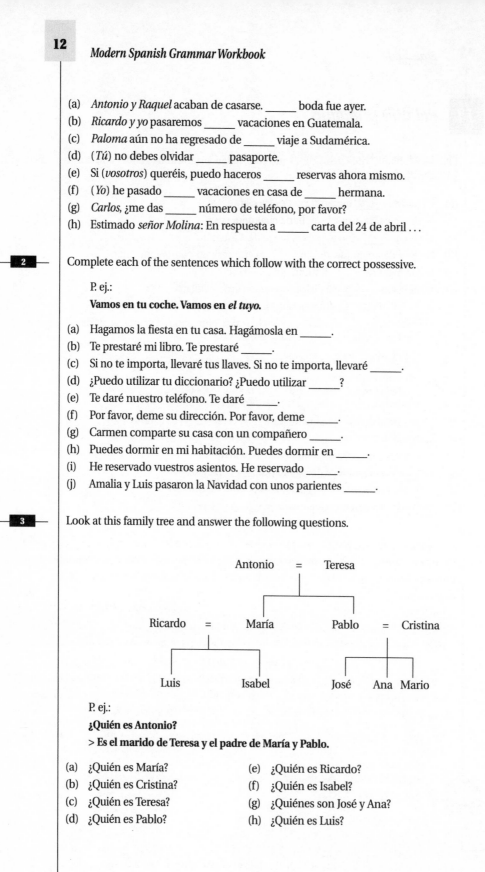

P. ej.:
¿Quién es Antonio?
> Es el marido de Teresa y el padre de María y Pablo.

(a) ¿Quién es María?   (e) ¿Quién es Ricardo?
(b) ¿Quién es Cristina?   (f) ¿Quién es Isabel?
(c) ¿Quién es Teresa?   (g) ¿Quiénes son José y Ana?
(d) ¿Quién es Pablo?   (h) ¿Quién es Luis?

11 Relative pronouns

1 Fill in each blank with **cuyo, que, el que/cual, quien**, establishing gender and number agreement where appropriate.

(a) La novela _____ me prestaron es excelente.

(b) Es una persona por _____ haría cualquier cosa.

(c) El chico _____ vino ayer es el novio de Asunción.

(d) Se trata de un empleado sin _____ la empresa no podría funcionar.

(e) En un lugar de _____ nombre no quiero acordarme.

(f) La pensión a _____ se dirigieron estaba en las afueras.

(g) _____ no tengan su documentos de identidad no serán admitidos.

(h) El acusado, _____ antecedentes no han sido entregados a la prensa, declaró ante el juez.

2 Fill in each blank with **que, cuyo, lo que/cual, el que/cual**, establishing gender and number agreement where appropriate.

(a) La ciudad de _____ venían era desconocida para mí.

(b) _____ sepa dónde está que lo diga.

(c) García Márquez, de _____ obra hemos hablado, es colombiano.

(d) El hotel _____ nos recomendaron es excelente.

(e) Hoy ha venido aquella profesora por _____ preguntabas.

(f) Los soldados contra _____ lucharon fueron derrotados.

(g) Nuestro teléfono no funcionaba, por _____ no pudimos llamarte.

(h) El perfume _____ me regalaron es muy fino.

3 Here is an extract from someone's diary. Fill in each blank space with an appropriate relative pronoun from the following box, establishing gender and number agreement where appropriate.

quien	que	cuyo	el que/cual	lo que/cual

El día _____ (1) llegamos a Victoria llovía torrencialmente. En la estación nos esperaba Antonio, con _____ (2) habíamos pasado nuestras últimas vacaciones, y _____ (3) insistencia nos llevó a realizar este largo viaje _____ (4) ahora llegaba a su fin. Antonio, _____ (5) figura alta destacaba entre el resto de la gente _____ (6) esperaba en la estación, había venido a buscarnos en su viejo coche, a _____ (7) nos dirigimos a paso rápido para evitar _____ (8) la lluvia nos mojara. El camino por _____ (9) conducíamos era estrecho y sinuoso, por _____ (10) el coche avanzaba a escasa velocidad, _____ (11) nos permitía apreciar plenamente el paisaje _____ (12) se divisaba desde el interior del vehículo. Antonio, para _____ (13) el paisaje ya no tenía el encanto de lo nuevo, nos señaló el sitio hacia _____ (14) nos conducía.

12 *Interrogative and exclamatory forms*

1

Match each question with an appropriate answer from the list that follows.

(a) ¿Cómo es Nuria?

(b) ¿Cuál quieres?

(c) ¿Para qué lo usas?

(d) ¿Por dónde entró?

(e) ¿Cómo está tu amigo?

(f) ¿Por qué lo usas?

(g) ¿Qué quieres?

(h) ¿Para dónde pasaron?

(i) ¿Qué tal tu apartamento?

(j) ¿Con quién hablabas?

(k) ¿Cómo lo supiste?

(l) ¿Qué tal tus vacaciones?

1   Es que no tengo otro.

2   Lo uso como florero.

3   Al comedor.

4   Me lo dijo Pedro.

5   Simpatiquísima.

6   Regular. Aún no se mejora.

7   Prefiero éste.

8   Con Elisa y Raúl.

9   Lo pasamos estupendamente.

10 A través de la ventana.

11 Es muy cómodo.

12 Que me prestes tu calculadora.

⇒   31(3)

2

You are asking your Spanish friend about his holiday plans. Complete each of the questions with one of these words: **cómo, cuánto, quién, cuándo, cuál, cuántos, dónde, qué**.

(a) ¿ _____ vas a ir en tus vacaciones?

(b) ¿ Con _____ vas a ir?

(c) ¿ _____ vas a viajar? ¿En tren o en avión?

(d) ¿ _____ te vas?

(e) ¿ En _____ hotel vas a quedarte?

(f) ¿ _____ te cuesta?

(g) ¿ _____ días vas a estar allí?

(h) ¿ _____ es el número de teléfono del hotel?

⇒   31(3)

3

Read this extract from a letter written to Paloma by a friend, in which interrogatory and exclamatory forms got smudged. Can you fill them in?

Querida Paloma:

¡_____ (1) alegría me dio recibir tu carta! ¡_____ (2) tiempo sin saber nada de ti! ¿_____ (3) no me habías escrito? ¡_____ (4) vaga eres!

Gracias por la foto que me enviaste. ¡_____ (5) has cambiado! Te ves más joven. El cambio de actividad te ha hecho bien. ¡_____ (6) suerte tuviste al encontrar un trabajo así! ¡No sabes _____ (7) te envidio! ¿En _____ (8) consiste tu trabajo exactamente? En tu carta no me lo dices ...

4 Fill in each blank in these questions with either **qué** or **cuál**, as appropriate.

(a) ¿ _____ es tu dirección?

(b) ¿ _____ es el problema?

(c) ¿ _____ edad tenía?

(d) ¿ _____ opinas tú?

(e) ¿ _____ es tu opinión?

(f) ¿Puedes decirme _____ pasó?

(g) ¿ _____ era vuestro plan?

(h) ¿Sabes _____ fue su excusa?

(i) ¿ _____ excusa te dio?

(j) ¿ _____ era su intención?

5 How would you express the following in Spanish? More than one translation is possible in some cases.

(a) How beautiful!

(b) How strange!

(c) How funny!

(d) How tired I am!

(e) How she works!

(f) We didn't know how difficult it was.

(g) How heavy is it?

(h) How long is it?

(i) How far is it?

(j) How old is she?

(k) How do you spell it?

(l) How important is it?

13 *Indefinite and negative pronouns and adjectives*

1 Señor Medina is reporting a theft to a policeman. Fill in each gap in their conversation with one of the following words, establishing gender and number agreement where appropriate.

alguien	nadie	algo	nada	alguno	ninguno	cualquiera
todo						

POLICÍA: ¿ _____ (1) de sus vecinos vio entrar a _____ (2) en su casa u oyó _____ (3) ruido extraño?

SR. MEDINA: No, no vieron a _____ (4) y tampoco oyeron _____ (5) ruido que les llamara la atención. Eso es _____ (6) que no me explico.

POLICÍA: ¿Y qué le robaron exactamente?

SR. MEDINA: Bueno, _____ (7) cuadros de mucho valor y _____ (8) el dinero y los documentos que tenía en la caja fuerte. No dejaron absolutamente _____ (9).

POLICÍA: Trate de recordar _____ (10) lo que hizo anoche antes de acostarse. _____ (11) información que nos pueda dar puede ser útil. No omita _____ (12) detalle.

⇒ 32(3), 32(4)

2 Read this letter on the subject of road accidents sent to a newspaper by one of its readers and fill in each blank with one of the words in the box.

algo	nada	alguien	nadie	alguno	ninguno	cualquier

Señor Director

El número de accidentes de tránsito en _____ (1) de nuestras ciudades ha venido aumentando alarmantemente desde hace _____ (2) tiempo, sin que hasta ahora _____ (3) haya hecho absolutamente _____ (4) al respecto. No cabe duda _____ (5) de que el problema tiene solución. _____ (6) persona con cierta inteligencia se da cuenta de que nuestras carreteras son insuficientes y que están mal señalizadas. ¡ _____ (7) tiene que hacer _____ (8) al respecto! ¿Y qué hay de la imprudencia de muchos conductores? ¿Es que no hay _____ (9) autoridad capaz de actuar frente a este problema? _____ (10) medida que se tome será bienvenida y será mejor que permanecer indiferente.

⇒ 32(3), 32(4)

14 Adverbs

1

Jaime has been an excellent employee and his superiors are considering him for promotion. Read their comments and rephrase their sentences using adverbs in **-mente** linked to the words in italics.

P. ej.:

Se comporta *como un caballero.*
> Se comporta *caballerosamente.*

(a) Trabaja *con entusiasmo.*
(b) Habla inglés y francés *a la perfección.*
(c) No toma nunca una decisión *de forma precipitada.*
(d) Acepta *con gusto* trabajar horas extras.
(e) Trata a todo el mundo *con amabilidad y delicadeza.*
(f) Siempre llega *con puntualidad* al trabajo.
(g) Responde *con rapidez* ante cualquier situación inesperada.
(h) Siempre ofrece ayuda *de manera desinteresada.*
(i) En situaciones críticas actúa *con tranquilidad.*
(j) Frente a nuestros competidores responde *con decisión.*

2

Find out about the way Ignacio does certain things by matching each verb on the left with an appropriate adverb on the right. Do not repeat any.

(a)	Trabaja	1	pausadamente
(b)	Come	2	cortésmente
(c)	Duerme	3	arduamente
(d)	Habla	4	apasionadamente
(e)	Viste	5	profundamente
(f)	Ama	6	fácilmente
(g)	Trata a la gente	7	elegantemente
(h)	Se enfada	8	vorazmente

3

Express the meaning of each of the following adverbs using an alternative phrase such as **de forma** + adjective, **de manera** + adjective or **de modo** + adjective.

(a) inteligentemente

(b) correctamente

(c) duramente

(d) informalmente

(e) exageradamente

(f) sospechosamente

(g) silenciosamente

(h) sigilosamente

(i) desordenadamente

(j) tristemente

15 Negation

⇒ 32

1

Complete each of these exchanges with the appropriate negative words.

(a) – Perdone, ¿hay alguna casa de cambio por aquí?
  – No, por aquí _____ hay _____.

(b) – ¿Tiene usted un plano de la ciudad?
  – No, lo siento, _____ nos queda _____.

(c) – ¿Hay algún vuelo a Nueva York esta tarde?
  – No, esta tarde _____ hay _____ vuelo.

(d) – ¿Tienes algo para el dolor de cabeza?
  – No, _____ tengo _____.

(e) – ¿Has estado alguna vez en San Francisco?
  – No, _____ he estado _____ allí.

(f) – ¿Viene a verte Mario de vez en cuando?
  – No, _____ viene a verme.

(g) – ¿Ha llamado alguien?
  – No, _____ ha llamado _____.

(h) – ¿Alguien sabe dónde está Nuria?
  – No, _____ lo sabe.

(i) – ¿Quieres un café o un té?
  – No, gracias, _____ bebo _____ café _____ té.

(j) – Yo no suelo comer carne. ¿Y tú?
  – No, yo _____.

(k) – ¿Vino Alfonso?
  – No, _____ vino Alfonso _____ Gloria. Al menos vino ella.

(l) – ¿Has visto a Cristóbal?
  – No, a Cristóbal _____, pero he hablado con su mujer.

⇒ 32(3), 32(4)

2

Gloria is complaining about Daniel, while he defends himself. How does he deny each of Gloria's statements?

P. ej.:

***Siempre* te levantas tardes.**

> *Nunca* me levanto tarde.

(a)   *Siempre* llegas tarde.

(b)   Me ocultas *algo.*

(c)   Estás saliendo con *alguien.*

(d)   *Siempre* tienes *algún* problema.

(e)   *Siempre* tienes *alguna* queja contra mí.

(f)   *Siempre* te quejas de *algo.*

⇒ | 32(3), 32(4)

3   Translate these sentences into English.

(a)   Mi jefe ha dejado de recriminarme por mi error.

(b)   Mi jefe no ha dejado de recriminarme por mi error.

(c)   Acabo de comprender por qué lo hizo.

(d)   No acabo de comprender por qué lo hizo.

16 Verb forms

1   Give the third person singular forms of the present tense, the imperfect tense and the preterite tense for each of the following verbs.

P. ej.:

hablar: habla, hablaba, habló

(a)	dar	(i)	conducir
(b)	temer	(j)	venir
(c)	salir	(k)	cerrar
(d)	dormir	(l)	caer
(e)	sentir	(m)	ir
(f)	poner	(n)	poder
(g)	oír	(o)	leer
(h)	traer		

2   Change the infinitive into the appropriate form of the present subjunctive.

(a)   ¿Quieres que lo (hacer) yo?

(b)   Espero que no (ser) tarde.

(c)   No creo que (tener, nosotros) tiempo.

(d)   No me pidas que te (dar, yo) más dinero.

(e)   Quiero que le (decir, tú) a Ana que (venir) mañana.

(f)   Él me ha aconsejado que (ir, yo) solo.

(g)   Es imprescindible que lo (traer, usted) mañana mismo.

Structures

(h) No creo que ellos lo (saber).
(i) Ojalá que Antonio (estar) en casa.
(j) Es mejor que la (buscar) yo mismo.

3 Fill in the blanks with the future and conditional tense forms as appropriate.

Mañana (ir, yo) _____ (1) a Sevilla. Mi amiga y yo (hacer, nosotros) _____ (2) el viaje en tren.
(Estar, nosotros) _____ (3) tres días en Sevilla. (Tener, nosotros) _____ (4) la oportunidad de
conocer a unos primos míos, que sin duda nos (decir, ellos) _____ (5) qué hay que visitar en la
ciudad y (salir, ellos) _____ (6) con nosotros. ¿(Poder, tú) _____ (7) dejarme la guía de la ciudad?
(Ser) _____ (8) una pena no ver los monumentos más interesantes.

4 Complete the imperative forms in the following sentences.

(a) ¡(Decir, tú) _____ me cuántos tienes!
(b) ¡(Salir, tú) _____ de aquí!
(c) ¡(Ir, ustedes) _____ se, por favor!
(d) ¡(Tener, tú) _____ paciencia!
(e) ¡(Ser, vosotros) _____ buenos!
(f) ¡(Estar, tú) _____ te quieto!
(g) ¡No me (contar, tú) _____ tonterías!
(h) ¡No os (poner, vosotros) _____ a llorar!
(i) ¡(Hacer, tú) _____ lo que quieras!
(j) ¡No (volver, usted) _____ nunca!

5 Complete the blanks in the following verb table:

Infinitive	1st pers. sing. present	3rd pers. sing. preterite	1st pers. pl. imperfect	2nd pers. pl. conditional	3rd pers. sg. imperfect subjunctive	Gerund
				advertiríais		
						comenzando
corregir						
			despedíamos			
					estuviera	
	juego					
	ando					
		sentó				
			sentíamos			
sonreír						

17 | *Use of the verb forms*

⇒ | 16

Complete this passage about the daily routine of Begoña López with the correct form of the infinitives in brackets.

Begoña López ocupa un alto cargo directivo en una empresa. Begoña (1 soler) levantarse a las siete de la mañana. Después de ducharse y tomar un café (2 irse) al trabajo en el coche que (3 compartir) con Jorge, su marido. Al llegar a la oficina, Begoña (4 leer) la correspondencia y (5 dar) instrucciones a su secretaria. A menudo (6 tener) que asistir a reuniones y entrevistas. Al mediodía (7 almorzar) con algunos colegas en algún restaurante cerca de la empresa. Luego (8 volver) a su oficina y (9 quedarse) allí hasta las siete. A esa hora (10 recoger) a su marido. Begoña y Jorge (11 soler) ir a ver a algún amigo, aunque a veces (12 ir) al cine o simplemente (13 sentarse) en un café a charlar hasta que (14 volver) a casa.

⇒ | 71(3)

2

How would Begoña tell a friend about her daily routine? Change the verbs in brackets in Exercise 1 into the proper form.

⇒ | 71(4)

3

Put the infinitives in brackets into the present or the preterite tense, as appropriate.

(a) Reinaldo siempre (venir) aquí por la mañana. Ayer (venir) por la tarde.
(b) (Yo) normalmente (dormir) ocho horas. Anoche sólo (dormir) seis.
(c) Ayer Sol me (pedir) dinero prestado. Es extraño, porque ella nunca (pedir) nada.
(d) Lola generalmente (decir) lo que piensa, pero ayer no (decir) nada.
(e) Raquel y Luisa siempre (ir) a México, pero el verano pasado (ir) a Cuba.
(f) (Yo) ayer no (hacer) mis deberes, aunque casi siempre los (hacer).
(g) Ellos generalmente (poder) ayudarme, pero ayer no (poder).
(h) (Yo) normalmente le (traer) flores, pero el sábado pasado le (traer) chocolates.

4

Read the following passage which touches on an important aspect of Spain's recent history and rewrite it replacing the preterite with the present tense.

El 20 de noviembre de 1975 (1) *murió* Franco y el 22 del mismo mes Don Juan Carlos (2) *fue* proclamado rey de España. Carlos Arias Navarro (3) *fue* confirmado como presidente del gobierno. Pero, tras el fracaso de su gestión, el rey (4) *designó* jefe de gobierno a Adolfo Suárez. Aquel mismo año el rey (5) *concedió* una amnistía que (6) *favoreció* a cientos de presos políticos. En junio de 1977 España (7) *celebró* sus primeras elecciones democráticas desde 1936 y en ellas (8) *triunfó* la Unión de Centro Democrático. El 23 de febrero de 1981 se (9) *produjo* un intento de golpe de estado que (10) *tuvo* como figura protagonista al teniente coronel Antonio Tejero quien, pistola en mano, (11) *entró* en el Congreso de los diputados. El rey (12) *jugó* un papel fundamental en defensa del régimen democrático.

5 Rephrase the following instructions replacing the imperative form with the present tense.

(1) *Tome* usted el autobús número 15 y (2) *bájese* en la calle Pedregal. Luego (3) *suba* por la calle Pedregal y (4) *tuerza* a la derecha en el primer semáforo. (5) *Siga* todo recto hasta el final de esa calle y allí (6) *gire* a la izquierda.

⇒ 68(1), 69(1)

6 Today has been a very busy day for Ignacio. Look at this page of his diary and say what he has done. Use the perfect tense.

P. ej.:
Entrevistarse con la señora Riquelme
> Se ha entrevistado con la señora Riquelme.

> Lunes 25 de octubre
> Por la mañana:
> Asistir a la reunión del consejo directivo
> Ver al director del Banco Nacional
> Escribir el informe sobre el viaje a Perú
> Hacer la reserva para Caracas
> Por la tarde:
> Comer con David Lamas
> Volver a la oficina y reunirse con el gerente
> Poner en orden los ficheros
> Ir al gimnasio

⇒ 73(1), 73(2)

7 Choose the correct verb form, the preterite or the imperfect.

(1 Fueron/Eran) las ocho de la mañana cuando Rebeca (2 salió/salía) de su casa. (3 Fue/Era) una mañana fría, pero (4 hizo/hacía) sol. Como (5 fue/era) habitual, (6 compró/compraba) el periódico y (7 se dirigió/dirigía) a paso rápido hacia la estación. El andén (8 estuvo/estaba) lleno de gente que (9 esperó/esperaba) la llegada del tren, que como muchas veces (10 llegó/llegaba) con retraso. Más de quince minutos (11 tuvo/tenía) que esperar Rebeca aquella mañana, pero esta vez nada (12 pareció/parecía) importarle. (13 Fue/Era) su último día en la oficina, un día muy especial que (14 esperó/esperaba) desde hacía largo tiempo.

⇒ 73(13)

8 Gonzalo writes about his childhood. Choose the right verb form, the preterite or the imperfect.

(1 Nací/Nacía) en un pequeño pueblo del sur. En aquel tiempo mi padre (2 trabajó/trabajaba) en Correos y mi madre (3 fue/era) maestra en la única escuela del lugar. Mi infancia (4 pasó/pasaba) sin contratiempos hasta que (5 cumplí/cumplía) los seis años. (6 Fue/Era) entonces que mi vida (7 cambió/cambiaba). Mi padre, que por entonces (8 fue/era) jefe de la oficina de Correos (9 fue/era) trasladado a la ciudad, una ciudad que ninguno de nosotros (10 conoció/conocía) y donde yo pasaría el resto de mi vida.

⇒ 73(11), 73(13)

9 — Fill in each blank with a suitable verb from the box, using the future tense.

sostener	poder	poner	venir	tener	llegar	ser
permanecer						

Esta tarde _____ (1) a nuestro país el presidente de la República de Colombia. El presidente, que _____ (2) tres días en nuestro país, _____ (3) acompañado de un grupo de empresarios. El mandatario _____ (4) recibido por el presidente del gobierno español, con quien _____ (5) varias entrevistas, en las que se _____ (6) énfasis en temas de carácter económico y se _____ (7) establecer las bases para un mayor acercamiento entre los dos países. Los empresarios visitantes, a su vez, _____ (8) un encuentro con representantes de la industria y el comercio.

⇒ 16(3), 72(6), 72(7)

10 — Gonzalo was asked what he would do if he could change his life. Choose suitable verbs from the box to complete the question and answer, using the conditional tense.

haber	dejar	vivir	nadar	ponerse	venir	dedicarse	dar
criar	cultivar	irse	hacer				

Imagínate que tienes la oportunidad de cambiar totalmente tu vida, ¿qué _____ (1)?

Creo que _____ (2) la ciudad y _____ (3) a vivir a un sitio tranquilo cerca del mar. Allí _____ (4) la tierra, _____ (5) animales y _____ (6) a pintar. En mi casa _____ (7) espacio para todas mis amistades y los fines de semana mis amigos _____ (8) a visitarme y juntos _____ (9) largos paseos por la playa. En verano _____ (10) nuestros trajes de baño y _____ (11) en el mar. Yo _____ (12) feliz en mi casa junto al mar.

11 — Choose the right verb form to complete this passage about an event in Julia's life:

El sol se (1 entró/había entrado) cuando Julia (2 dejó/había dejado) la oficina para volver a casa y hacía rato que sus colegas (3 se fueron/se habían ido). Ya (4 llegó/había llegado) a la esquina cuando (5 recordó/había recordado) que (6 olvidó/había olvidado) las llaves de casa. (7 Entró/Había entrado) nuevamente al edificio como lo (8 hizo/había hecho) siempre, por la puerta lateral. Ya las luces del vestíbulo (9 se apagaron/se habían apagado). Julia nunca (10 estuvo/había estado) allí a esa hora y (11 sintió/había sentido) una extraña sensación de frío y temor.

⇒ 73(15)

18 *Use of the subjunctive*

1 — Put the verbs in brackets in the appropriate tense.

(a) No me atrevo a ir solo. Quiero que vosotros me (acompañar).
(b) No me llames esta noche. Prefiero que lo (hacer) mañana.

(c)   Por favor no se lo (mencionar) usted a Javier. Se molestaría.

(d)   Beatriz temía que la (echar) del trabajo.

(e)   Déjame que te (dar) un consejo. No fumes más.

(f)   Perdone usted que lo (interrumpir).

(g)   No creo que Mónica (estar) en casa a esta hora.

(h)   Nos sorprendió mucho que ellos no (estar) allí.

2   Complete these exchanges putting the verbs in brackets in the appropriate tense.

(a)   'He perdido mi cartera'. – 'Espero que la (Vd., encontrar)'.

(b)   '¿Dónde la habré puesto?' – 'Es posible que la (dejar) en el coche'.

(c)   'La he encontrado'. – 'Me alegro de que la (Vd., encontrar)'.

(d)   'Lo pondré en el comedor'. – 'Preferiría que lo (tú, poner) en la sala'.

(e)   '¿Se lo digo a Bernardo?' – 'No, te agradecería que no le (decir) nada'.

(f)   '¿Para cuándo lo quieres?' – 'Es imprescindible que lo (tú, traer) lo antes posible'.

(g)   'Esta maleta pesa una tonelada'. – 'Permítame que le (ayudar)'.

(h)   '¿Prefieres ir solo?' – 'No, me gustaría que (tú, ir) conmigo'.

3   Read this extract from a letter and choose the correct form of the verbs in brackets.

> Querido Rodrigo:
> Me alegro mucho de que me (1 has/hayas) escrito. ¡Si (2 supieras/supiste) cómo me he acordado de ti! Creo que aún (3 guarde/guardo) tu última carta, en la que me contabas de tus proyectos. No creo que tú la (4 recuerdas/recuerdes). Me gustaría mucho que (5 vengas/vinieras) a verme, pero preferiría que lo (6 hicieras/hagas) cuando yo (7 haya/he) vuelto de mis vacaciones en Florencia. Ojalá que (8 cumples/cumplas) tu promesa. Tengo muchas ganas de verte.
> Si (9 hablas/hables) con Sofía quiero que le (10 dices/digas) que me (11 escriba/escribe). A lo mejor (12 está/esté) enfadada conmigo, no lo sé. Me extraña que no me (13 ha/haya) escrito ...

4   Put each of the infinitives in brackets in the right form.

(a)   Llevaré el televisor al técnico para que me lo (reparar).

(b)   Traeremos a la niña para que tú la (conocer).

(c)   ¿Para qué (estar) usted ahorrando tanto?

(d)   Tuvimos que cerrar la puerta para que nadie nos (ver).

(e)   Se lo enseñaré de manera que usted me (dar) su opinión.

(f)   Aceptamos lo que nos pidió para que no (haber) más problemas.

(g)   Ha pasado el peligro, de modo que ya (poder) usted estar tranquilo.

(h)   Puse la comida en el frigorífico para que el gato no se la (comer).

⇒   43(4)

5   Put the infinitives in brackets in the right form.

(a)   En cuanto Adela (terminar), la acompañaré a casa.

(b)   Cuando (tener) dinero, nos tomaremos unas vacaciones.

(c)   Lo buscaré hasta que lo (encontrar).

(d)   Suele comer hasta que (hartarse).

(e)   Le dije que no saliera hasta que (terminar) sus deberes.

(f)   Cuando Raúl (venir) a Madrid, siempre se queda con nosotros.

(g)   Nos iremos antes de que (anochecer).

(h)   Antes de que yo (ir) a verla, ya sabía lo que me respondería.

⇒   27(3)

── **6** ──

Put the infinitives in brackets in the right form.

(a)   En caso de que (llamar) mi jefe, no le digas dónde estoy.

(b)   Te llevaré al cine, siempre que (portarse) bien.

(c)   Siempre que Esteban (venir) por aquí, pasa a saludarnos.

(d)   Te lo prestaré, a condición de que me lo (devolver) mañana.

(e)   Iremos el martes, a menos que (llover).

(f)   No lo sé, y aunque lo (saber) no te lo diría.

(g)   Lo haremos así, a no ser que el jefe (oponerse).

(h)   Se lo dejamos a Luis, con tal de que nos lo (traer) antes del sábado.

⇒   51(5)

── **7** ──

Transform these sentences making the following conditions more unlikely.

P. ej.:

Si no encontramos plazas en ese avión, nos iremos en el próximo.

> Si no encontráramos plazas en ese avión, nos iríamos en el próximo.

(a)   Si el vuelo está completo tomaremos el tren.

(b)   Si no hay habitaciones nos quedaremos en casa de María.

(c)   Si no tengo suficiente dinero le pediré prestado a mi padre.

(d)   Si mi padre no puede prestármelo tendré que pedírselo a mi hermana.

(e)   Si te lo digo no me lo creerás.

(f)   Si hace mucho frío pondremos la calefacción.

(g)   Si Carmen no viene la llamaré.

(h)   Si él no lo sabe se lo preguntaré a su mujer.

⇒   51(1), 51(2)

── **8** ──

Express unreal conditions based on the statements below:

P. ej.:

Es muy caro. No lo compraré.

> Si no fuera tan caro lo compraría.

Carmen no trabajó lo suficiente y la echaron.

> Si Carmen hubiera trabajado lo suficiente no la habrían echado.

(a)   Es muy tarde. No me quedaré.

(b)   No me siento bien. No iré a la fiesta.

(c)   No habla español, así que no podremos entendernos.

(d)   Tu casa está muy lejos. No podemos ir andando.

(e)   No supo guardar el secreto y se enteró todo el mundo.

(f)   El chalet era muy caro, por eso no lo alquilaron.

(g)   Los bomberos no llegaron a tiempo y la casa se incendió.

(h)   No hizo lo que debía y tuvo que sufrir las consecuencias.

⇒   51(1), 51(2)

9

Read this letter written to Gloria by a friend and put the infinitives in brackets in the right tense.

Querida Gloria:

Hace unos días recibí tu carta, en la que me pedías que te (1 enviar) información sobre cursos de español. He escrito a tres escuelas para que me (2 mandar) algunos folletos y en cuanto los (3 recibir) te los enviaré. No creo que (4 ser) difícil encontrar lo que tú quieres, aunque puede que los (5 encontrar) un poco caros. En todo caso, yo te aconsejaría que (6 inscribirse) lo antes posible, para que (7 poder) encontrar plazas. Y en cuanto a alojamiento, me encantaría que (8 quedarse) conmigo. Es una invitación y espero que me (9 decir) que sí.

En caso de que (10 querer) otro tipo de información, dímelo, y avísame el día de tu llegada si quieres que yo te (11 ir) a buscar al aeropuerto. Tengo muchas novedades, que te contaré cuando (12 llegar)...

19   *Sequence of tenses*

1

Complete these sentences with the missing verbs, establishing the appropriate sequence of tenses.

(a)   'Te lo diré'. Dijo que me lo _____.

(b)   'Vendremos el fin de semana'. Dicen que _____ el fin de semana.

(c)   'Lo hice yo'. Dijo que lo _____ él.

(d)   'He recibido carta de Ana'. Me contó que _____ carta de Ana.

(e)   'Te devolveré el dinero mañana mismo'. Me prometió que me _____ el dinero mañana mismo.

(f)   'Haré todo lo posible por venir'. Dice que _____ todo lo posible por venir.

(g)   'Os aseguro que yo no lo he hecho'. Nos aseguró que ella no lo _____.

(h)   'Vivimos dos años en España'. Dijeron que _____ dos años en España.

⇒   33(1), 33(2)

2

Put the infinitives in brackets in the appropriate tense.

(a)   Te aseguro que no iré a menos que tú (ir) conmigo.

(b)   Te dije que no iría a menos que tú (ir) conmigo.

(c)   Le permitieron continuar con el curso a condición de que no (faltar) a clase.

(d)   Os llevaré en mi coche siempre que me (ayudar) a pagar la gasolina.

(e)   Sintieron mucho que nosotros no (venir) a la fiesta.

(f)   Me alegro de que (estar) todavía aquí. Quiero decirte algo.

(g)   No pensé que (ser) tan tarde. Debo irme.

(h)   Siento mucho que tú y Julia (terminar) vuestra relación. ¿Cuándo ocurrió?

─ **3** ─ Read this dialogue between Paco and Raquel. Then complete the conversation below between Raquel and another friend, filling in the blanks with the right tense.

PACO:	He decidido irme un tiempo a Estados Unidos.
RAQUEL:	¡No me digas! ¿Y qué piensas hacer allí?
PACO:	Pienso estudiar inglés. Tengo un amigo en Nueva York y me quedaré con él.
RAQUEL:	¿Y has estado alguna vez en Nueva York?
PACO:	Sí, estuve allí el año pasado. Pasé un mes en casa de mi amigo.

RAQUEL:	Ayer vi a Paco.
ANA:	¿Y qué te dijo?
RAQUEL:	Me contó que _____ (1) irse un tiempo a Estados Unidos.
ANA:	¿Qué va hacer allí?
RAQUEL:	Dijo que _____ (2) estudiar inglés, que _____ (3) un amigo en Nueva York y que _____ (4) con él.
ANA:	¿Y conoce Nueva York?
RAQUEL:	Sí, dijo que _____ (5) allí el año pasado, que _____ (6) pasado un mes en casa de su amigo.

⇒ │ 33(5)

20 *Other forms of the verb and their uses*

─ **1** ─ Use the infinitives to make up sentences with **estar** + gerund in the appropriate tense.

(a) Carlos (hacer) gimnasia cuando se torció un tobillo.
(b) Los pasajeros (esperar) más de dos horas.
(c) Silvia y su marido (discutir) casi media hora.
(d) (Yo) (leer) cuando comenzó la tormenta.
(e) Lo siento, pero no puedo contestar el teléfono porque (ducharse).
(f) Eugenio (dormir) cuando entraron los ladrones.
(g) (Yo) (trabajar) en el jardín toda la tarde.
(h) Carmen no puede abrir la puerta porque (vestirse).

⇒ │ 71(2)

─ **2** ─ Use **ir a** + infinitive to say what each of the following people were going to do and what they are now planning to do. The first sentence has been done for you.

P. ej.:
Lola iba a hacer un curso de alemán, pero ahora va a estudiar inglés.

	Antes	Ahora
(a) Lola	hacer un curso de alemán	estudiar inglés
(b) Sol y Luis	compartir una casa	vivir solos
(c) (Nosotros)	celebrar en casa	hacerlo fuera
(d) (Yo)	comprar un coche	comprar una moto
(e) Ramón	emigrar a Estados Unidos	quedarse en México
(f) Juan y Paz	viajar en tren	alquilar un coche
(g) (Yo)	casarse en abril	hacerlo en mayo
(h) (Nosotros)	enviarle un fax	llamarla por teléfono

3 Rephrase these sentences using **llevar** + gerund.

(a) Viven aquí desde hace cinco años.
(b) Hace casi dos años que hago tai-chi.
(c) Estudio español desde hace un año.
(d) Hacía mucho tiempo que (yo) esperaba este momento.
(e) Hace más de una hora que duermen.
(f) Hacía meses que planeábamos este viaje.
(g) Esteban sale con Aurora desde hace seis meses.
(h) Hacía mucho tiempo que (yo) buscaba trabajo.

⇒ 71(7)

21 *Modal auxiliary verbs and expressions*

1 Express the following in Spanish using **poder**.

(a) You may stay here if you wish.
(b) She may have gone out.
(c) What can we do?
(d) You could get that job if you tried.
(e) I was able (= succeeded in) to do it on my own.
(f) I knew he could do it well.
(g) May I come in?
(h) You may stay as long as you want.

2 Turn the following statements into suppositions using **deber (de)** in the appropriate tense.

P. ej.:
María está en casa.
> **María debe (de) estar en casa.**

(a) Son las dos.

(b) Cuesta unas cinco mil pesetas.

(c) En ese momento eran más de las once.

(d) Tenía unos diez años en aquel entonces.

(e) Traduje por lo menos cincuenta páginas.

(f) Lo hicieron por iniciativa propia.

(g) Nos han visto.

(h) Te ha costado muchísimo dinero.

⇒ 50(3)

3

Express the following in Spanish using **deber**.

(a) I must do it.

(b) We must be there before midnight.

(c) They ought to leave soon.

(d) Someone ought to tell him about it.

(e) She ought to have studied more for the exam.

(f) We ought to have done something to help her.

(g) You shouldn't have come so late.

(h) They shouldn't have done what they did.

22 Ser *and* estar

1

Sarah wrote to a Spanish correspondent for the first time. Fill in the blanks in her letter with either **ser** or **estar**, as appropriate.

> Querido Alonso:
> Esta _____ (1) mi primera carta en español y espero que me entiendas. Me llamo Sarah y _____ (2) inglesa. _____ (3) de Manchester, una ciudad que _____ (4) en el norte de Inglaterra. Tengo diecisiete años y _____ (5) la menor de tres hermanos. Aún _____ (6) en el colegio y _____ (7) estudiando español, francés e historia. Mis hermanos mayores _____ (8) en la universidad, y uno de ellos, Paul, ya _____ (9) casado.
> Mis padres _____ (10) divorciados y yo _____ (11) viviendo con mi madre que _____ (12) enfermera en un hospital de Manchester. Mis hermanos ya no _____ (13) en casa.
> Nuestra casa _____ (14) bastante grande y _____ (15) en las afueras de Manchester. El barrio donde vivimos _____ (16) muy agradable. Mi madre _____ (17) una gran aficionada a la jardinería y la casa _____ (18) rodeada de flores. Manchester _____ (19) bastante lluvioso, así que el jardín _____ (20) casi siempre muy verde...

⇒ 36(8)

2

Fill in the blanks in these exchanges with the appropriate form of **ser** or **estar**.

(a) – Perdone, ¿dónde _____ el supermercado más cercano?

  – _____ las ocho y media. Los supermercados _____ cerrados.

(b) – ¿A cuánto _____ la libra?

  – A doce pesos.

(c) – ¿Qué tal _____ tu madre?

– _____ muy débil todavía. _____ en cama.

– ¡Qué lástima! Ella _____ una persona muy activa toda su vida.

– Sí, pero no te olvides de que ya _____ muy mayor.

(d) – Este pescado _____ delicioso. _____ el mejor pescado que he comido aquí. ¿Lo has phecho tú?

– Pues sí, mi madre _____ de vacaciones, así que yo _____ de cocinera.

(e) – ¿A cuánto _____ hoy?

– _____ a 18 de abril. El lunes 20 _____ el cumpleaños de Carlos. ¿Lo has visto últimamente?

– No, pero me han dicho que _____ muy gordo.

(f) – ¿ _____ ésta su chaqueta?

– No, esa chaqueta no _____ mía. La mía _____ negra, _____ de cuero. Me parece que _____ ésa que _____ junto al abrigo azul.

(g) – ¿A cómo _____ la uva?

– A 325 pesetas el kilo.

– Quiero dos kilos y medio. ¿Cuánto _____?

– _____ 812 pesetas.

(h) – ¿Quién _____ la persona con quien _____ hablando cuando entré?

– _____ un amigo de mi hermano que _____ aquí de paso.

---

3 Fill in each blank in these sentences with either **ser** or **estar** in the appropriate tense.

(a) _____ en México donde él y yo nos conocimos.

(b) Luis y yo _____ presentados hace varios años por un amigo común.

(c) La segunda vez que nos vimos _____ en casa de Gabriel.

(d) Él _____ intérprete, pero en aquel tiempo _____ de maestro en un colegio.

(e) ¡Cómo pasa el tiempo! Hace unos meses lo vi y _____ viejísimo, y la verdad es que no creo que _____ mayor que yo.

(f) _____ extraño que no me haya escrito. La última vez que lo hizo _____ en diciembre. Es posible que _____ fuera del país.

(g) Si no _____ porque lo conozco, pensaría que _____ enfadado conmigo.

(h) Él _____ toda la vida muy sociable, pero últimamente _____ un poco distante.

⇒   39(5)

23 *The reflexive*

1 Here is the story of Rita and Ramón and of how they met and fell in love. Complete their story by filling each of the blank spaces with a suitable verb from the box in the appropriate form. The first sentence has been done for you.

celebrarse	acabarse	quererse	irse	escribirse	mudarse
ausentarse	casarse gustarse	conocerse	verse	apresurarse	

(a) Rita y Ramón *se conocieron* en San Lucas hace más de un año.

(b) Ellos _____ desde el primer momento en que _____ _____.

(c) Como _____ mucho, decidieron _____, y la boda _____ en una pequeña iglesia de San Lucas.

(d) Los recién casados _____ de luna de miel a Venecia.

(e) En San Lucas, Rita y Ramón decidieron _____ a un apartamento en el centro de la ciudad.

(f) Por razones de trabajo, Ramón tuvo que _____ de la ciudad.

(g) Durante su ausencia, él y Rita _____ largas cartas de amor y en ellas Rita le pedía que _____ a volver.

(h) El volvió y nunca más se separaron. Y así _____ la historia de Rita y Ramón.

2 Fill in each blank with a suitable verb from the box in the appropriate form.

arrepentirse	defenderse	darse	dormirse	quebrarse	beberse
ponerse	comerse	divertirse	caerse	lavarse	pasarse

(a) (Yo) _____ enérgicamente de las acusaciones que me hicieron.

(b) Al llegar a casa aquel día Raquel _____ una ducha y _____ el pelo.

(c) Cuando oyeron la noticia _____ muy tristes.

(d) No corras riesgos innecesarios, que más tarde seguramente _____.

(e) La fiesta estuvo estupenda. Tanto Carmen como yo _____ mucho. El tiempo _____ volando.

(f) Perdóname, pero _____ una de tus copas de cristal y _____ en mil pedazos. Te compraré otra.

(g) Lola tenía muchísima hambre. _____ toda la comida y _____ toda la leche.

(h) Cuando me fui a la cama estaba tan cansado que _____ inmediatamente.

3 Fill in each blank with a suitable verb from the box in the appropriate form.

llamar	poner	quedar	abrir	levantar	llamarse	ponerse
quedarse	abrirse	levantarse				

(a) Te he dicho que no _____ los pies sobre la mesa.

(b) Juan _____ de su asiento y abandonó la sala.

(c) Pensamos _____ un par de semanas en Los Angeles.

(d) Nana y Julián _____ a menudo por teléfono.

(e) La ventana _____ con gran fuerza y entró una ráfaga de viento.

(f) Delia _____ la mano y luego se dirigió al público presente.

(g) (Nosotros) _____ nuestros abrigos y nos fuimos de allí.

(h) _____ a tu hermano y dile que venga.

(i) Luisa e Inés van a _____ muy sorprendidas cuando sepan la noticia.

(j) Mi padre _____ la ventana y miró ansiosamente hacia fuera.

24 *The passive*

1 Change the infinitives below into the passive form, using **ser** + past participle. The first one has been done for you.

El delincuente *fue detenido* por la policía, y dos días después (1 conducir) hasta los tribunales donde (2 juzgar) y (3 sentenciar) a cinco años de cárcel. Desde los tribunales (4 trasladar) hasta la cárcel donde (5 poner) en una celda con otros dos criminales.

En un intento de fuga ocurrido meses más tarde, éste y sus acompañantes (6 aprehender) por los funcionarios de la prisión y (7 devolver) a la cárcel donde (8 confinar) a una sección que (9 construir) hace algunos años para presos peligrosos.

⇒ 42(1)

2 Choose the correct verb, **ser** or **estar**, to complete the meaning of each of the following sentences.

(a) Cuando entramos en la casa todas las luces (eran/estaban) apagadas.
(b) Por más que lo intentaron, no pudieron hacer nada. El pobre hombre ya (era/estaba) muerto.
(c) La carta (fue/estuvo) enviada hace más de un mes.
(d) No te preocupes. Todo (es/está) solucionado.
(e) El francotirador (fue/estuvo) muerto a tiros por un policía.
(f) La noticia (fue/estuvo) anunciada con grandes titulares en todos los periódicos.
(g) Su vídeo (es/está) arreglado. Se lo puede llevar.
(h) La reunión ha (sido/estado) aplazada para la próxima semana.

3 Rephrase each of the following sentences replacing the verbs in italics by the passive construction with **se**.

P. ej.:
El dinero lo *gastamos* en tonterías.
> El dinero se gasta en tonterías.

(a) *Dicen* que fue él quien lo hizo.
(b) La gente *ha criticado* mucho su actuación.
(c) *Creen* que perderá las próximas elecciones.
(d) Los *vendimos* muy bien.
(e) Uno nunca *sabe* lo que puede pasar.
(f) No le *dijimos* nada para no asustarla.
(g) Uno nunca *puede* estar seguro.
(h) *Tomaremos* todas las medidas necesarias.

⇒ 42(1), 42(3)

4 Translate the following sentences into Spanish.

(a) On the first day of the conference we were introduced to our hosts.
(b) We were taken to a large room where the conference was to be held.
(c) Lunch was served at 1 o'clock and then coffee was brought for those who wanted it.
(d) That evening I was invited for dinner by a colleague.
(e) The next day we were received by the mayor of the city.
(f) This meeting had been arranged by our hosts.
(g) I was given a seat next to someone from Colombia.
(h) We were presented with some nice gifts by a local company.

⇒ 42(5)

25 *Prepositions*

1 Fill in each of the blanks with a suitable preposition.

Nuestra salida para Manizales estaba anunciada _____ (1) las seis _____ (2) la mañana. _____
(3) las seis y cinco sentí el ruido _____ (4) el motor _____ (5) el coche _____ (6) Pablo que se
había detenido enfrente _____ (7) nuestra casa. Manizales se encontraba _____ (8) más _____
(9) doscientos kilómetros _____ (10) distancia y _____ (11) llegar allí debíamos seguir un
estrecho camino que corría junto _____ (12) un río y pasaba _____ (13) una decena _____
(14) pueblos _____ (15) ahora desconocidos _____ (16) mí. Era mi primera visita _____
(17) la abuela Cándida, que se había marchado _____ (18) nuestra casa en la ciudad _____
(19) volver _____ (20) su pueblo natal. Ella siempre había soñado _____ (21) volver allí.

Poco _____ (22) poco fuimos alejándonos _____ (23) la ciudad y avanzamos _____ (24) la
carretera que nos conduciría _____ (25) el camino _____ (26) Maizales.

2 Fill in each blank in these conversations with a suitable preposition.

(a) – ¿Has visto _____ (1) Alvaro?
– No, no lo he visto _____ (2) hace mucho tiempo. La verdad es que no he visto _____
(3) nadie.

(b) – ¿Qué va a tomar _____ (1) empezar?
– Tráigame unos champiñones _____ (2) el ajillo _____ (3) una ensalada mixta. Y _____
(4) segundo chuletas _____ (5) cerdo _____ (6) puré. Y _____ (7) beber, tráigame media
botella _____ (8) vino blanco _____ (9) la casa.

(c) – La oficina _____ (1) turismo, ¿dónde está?
– Está _____ (2) el Paseo de las Palmas. Siga usted _____ (3) esta calle _____
(4) el primer semáforo y allí doble _____ (5) la derecha. Luego suba _____ (6) esa calle
_____ (7) el final. La oficina _____ (8) turismo está _____ (9) Correos y el Banco Central.

3 Fill in the gaps in this fax with either **por** or **para**, as appropriate.

```
_____ (1): Carlos García
De:      Martín Serrano
Estimado Carlos:
Te escribo _____ (2) pedirte un gran favor. _____ (3) razones de
negocios debo viajar a Oaxaca con un colega y me gustaría que me
reservaras una habitación _____ (4) dos personas en algún buen
hotel. La queremos _____ (5) el día 20 de mayo y _____ (6) tres noches
solamente. Viajaremos _____ (7) tierra desde la ciudad de México, de
modo que llegaremos allí _____ (8) la noche.
    Te agradecería que me enviaras la dirección y el teléfono del
hotel _____ (9) fax. Te llamaré _____ (10) teléfono cuando llegue
allí _____ (11) que nos veamos. Gracias _____ (12) este favor y hasta
pronto. Martín
```

4 Fill in each blank in these sentences with either **por** or **para**.

(a) Hoy _____ la mañana daremos un paseo _____ la ciudad _____ conocerla.

(b) El autobús vendrá _____ nosotros sobre las 10.00.

(c) _____ lo general, suelen salir a la hora.

(d) ¡_____ fin vamos a conocer Granada!

(e) Yo, _____ serte franca, no tengo ganas de salir.

(f) _____ mí no te preocupes. Puedo ir sola.

(g) Bajaré a la tienda del hotel (a) _____ un rollo de fotos _____ mi cámara.

(h) Creo que mis fotos estarán listas _____ el lunes que viene.

(i) No tardes, que el autobús está _____ llegar.

(j) ¿_____ qué no me traes algo _____ el dolor de cabeza?

(k) Aprovecharé _____ insistir en recepción en que nos cambien la habitación _____
una menos ruidosa. Me prometieron una _____ mañana.

(l) _____ ahora tendremos que quedarnos aquí.

26 *Complementation*

1 Pat sent a postcard to Nicolás but she made some mistakes. Can you correct them?

Querido Nicolás:
Hace unos días recibí tu carta, en la que me decías vendrías a pasar unos meses aquí y me pedías
ayudarte a buscar alojamiento. Me alegro mucho que vengas. Existe la posibilidad que pronto quede
libre una habitación en la casa donde vivo. Es bastante grande y no muy cara y estoy segura que te
gustará. Te escribiré cuando tenga más noticias, pero no creo haya problemas. Un abrazo. Pat

2 Insert an appropriate preposition before the infinitive complements in the following passage
where necessary.

Pablo se apresuró _____ (1) terminar su café y salió _____ (2) tomar el autobús como
acostumbraba _____ (3) hacerlo cada mañana. Mientras esperaba se sentó _____ (4) leer el
informe que acababa _____ (5) terminar y que debía _____ (6) entregar a su jefe ese día. Hacía
frío aquella mañana y amenazaba _____ (7) llover. El autobús no tardó _____ (8) llegar y a
pesar del tráfico logró _____ (9) llegar a tiempo a la oficina.

Pablo se esforzó _____ (10) concentrarse en su trabajo, pero no conseguía _____ (11) hacerlo. Soñaba _____ (12) dejar la oficina y trabajar por su cuenta. Antes había intentado _____ (13) hacerlo. Había tratado _____ (14) montar su propia empresa, pero las cosas no habían ido bien y acabó _____ (15) cerrarla. A veces se arrepentía _____ (16) haberlo hecho. De repente le pareció _____ (17) oír la voz del jefe que lo invitaba _____ (18) pasar a su despacho. Dudó un momento, pero luego se decidió _____ (19) entrar. A través de la ventana vio la lluvia que empezaba _____ (20) caer.

3 Translate these sentences into Spanish using the verbs in brackets with an infinitive or a gerund, as appropriate, and a preposition where necessary.

(a) How long have you been learning Spanish? (**llevar**)
(b) What are you thinking of doing after you finish? (**pensar**)
(c) Will you continue studying the language? (**continuar**)
(d) Julia ended up doing law instead of history. (**acabar**)
(e) We finished packing and then went away. (**terminar**)
(f) We avoided going through Madrid. (**evitar**)
(g) I regret not having done it. (**lamentar**)
(h) I remember meeting her during our holiday. (**recordar**)

27 Conjunctions

1. Link the following sentences with the expressions in brackets, changing punctuation as necessary.

(a) No teníamos suficiente dinero. No lo compramos. (como)
(b) No viene a verme. Está enfadado conmigo. (porque)
(c) Dejé de escribirle. Nunca respondió a mis cartas. (ya que)
(d) No tienen teléfono. Tendremos que pasar por su casa. (como)
(e) No podrá venir a la reunión. No se siente bien. (pues)
(f) Le será imposible conseguir un empleo. No tiene permiso de trabajo. (puesto que)

⇒ 43(1), 43(2)

2 Choose the right expression to complete each of the sentences below.

(a) Iré contigo a la fiesta _____ volvamos pronto.
   (a menos que, siempre que, a no ser que)
(b) Puedes utilizar mi coche _____ me lo cuides.
   (a pesar de que, si, con tal (de) que)
(c) Pasaremos el día en el lago _____ llueva.
   (a no ser que, siempre que, como)
(d) Yo pasaré la aspiradora _____ tú te encargues de la cocina.
   (a pesar de que, a condición de que, a menos que)
(e) _____ no estés aquí a la hora empezaremos sin ti.
   (si, con tal (de) que, como)

(f) _____ no nos responden pronto, se lo venderemos a otra persona.
(como, si, siempre que)

⇒ 51(5)

3

Translate the following sentences into Spanish.

(a) I'll put it here so that they can see it.
(b) They had already left so we couldn't say goodbye to them.
(c) We'll clean the house before our guests arrive.
(d) After you finish what you are doing, why don't we go out for a walk?
(e) They used to come and see us whenever they could.
(f) I'll keep ringing until he answers.
(g) As soon as they arrive let me know.
(h) When we have paid all our debts we'll buy a new house.
(i) She normally stays in the office until she finishes her work.
(j) I'll continue helping you as long as I can.

⇒ 18(5)

28 *Word order*

1

Rewrite each of the sentences below emphasizing the words in italics and making any necessary adjustments to the word order.

(a) Beatriz iba al cine *todas las semanas*.
(b) Pablo y Agustín pasaban sus vacaciones *en Ibiza*.
(c) María Luisa y yo estuvimos *un mes* en Santo Domingo.
(d) El tren de Zaragoza llegó *con veinte minutos de retraso*.
(e) Gloria *nunca* recibió la carta que le escribí.
(f) Un millón de pesetas se ganó Silvia *en la lotería*.
(g) Manuel estuvo *más de tres meses* sin trabajo.
(h) El ladrón tiene que haber entrado *por la ventana*.

2

Rearrange the words below following the most appropriate sequence.

(a) ¿sale/a qué hora/el tren?
(b) ¿adónde/Raúl/fue?
(c) ¿del autobús número seis/está/la parada/dónde?
(d) ¿por aquí/una casa de cambio/una/hay?
(e) ¿en Inglaterra/cuándo/por primera vez/Gonzalo/estuvo?
(f) ¿le puso/tan deliciosa/Isabel/qué/a esta sopa?
(g) ¿van a estar/Paca y Pepe/en Mallorca/cuánto tiempo?
(h) ¿por dónde/el ladrón/en la casa/entró?

3 Rearrange the words below following the most appropriate sequence.

(a)   ¿tu hermano/la carta/recibió/que le envié?

(b)   ¿español/Pat/habla?

(c)   ¿a la fiesta/Felipe/de Carmen/fue?

(d)   ¿de sus vacaciones/han vuelto/tus padres?

(e)   ¿ya/Inés/de Argentina/ha llegado?

(f)   ¿Eloísa/alguna vez/había estado/allí?

(g)   ¿de las 12.30/el tren/habrá llegado/ya?

(h)   ¿Andrés/el dinero/te devolvió/que le prestaste?

2 Functions

Making social contacts

1

You are in Spain, and while having a drink in a bar with your friend Pablo you come across Ana, another Spanish friend. Fill in your part of the conversation with her.

TÚ: (*Greet your friend and ask her how she is.*)
ANA: Bien, gracias. ¿Y tú qué tal?
TÚ: (*Answer her greeting and ask Ana if she knows Pablo. Tell her he's from Granada.*)
ANA: Hola.
PABLO: Hola, ¿qué tal?
TÚ: (*Ask Ana how her sister Carmen is. Say you haven't seen her lately.*)
ANA: Está muy bien. Acaba de terminar sus exámenes y le ha ido estupendamente.
TÚ: (*Say you are glad she did well and ask Ana to give her your regards.*)
ANA: Sí, sí, se los daré. Se alegrará mucho de saber que todavía estás aquí.

2

How would you express the following in Spanish? More than one expression is possible in each case.

(a) Te encuentras con la madre de un amigo de habla hispana y le envías saludos a su marido.
(b) Te encuentras con tu amiga María y le envías saludos a su novio.
(c) María te pide que saludes a tu amigo Julio. Transmítele sus saludos.
(d) Un amigo que sólo habla español llega a tu casa y le presentas a tu padre.
(e) En una feria de muestras te presentan al señor Rodríguez, director de una empresa. Salúdalo formalmente.
(f) Presenta al señor Rodríguez a tu colega Sarah Brown.
(g) Una amiga de habla española ha encontrado trabajo. Felicítala.
(h) Felicitas a alguien en: su cumpleaños, la Navidad, el Año Nuevo.

3

While in Spain you phone your friend José. His sister Sol answers the phone. Complete your part of the conversation following the guidelines below.

SOL: ¿Dígame?
TÚ: (*Ask to speak to José.*)
SOL: José no está. ¿De parte de quién?
TÚ: (*Say who is speaking and ask if you can leave a message.*)
SOL: Sí, por supuesto.

TÚ: (*Ask her to tell José that you are in Spain doing a Spanish course and that you'll phone him tonight.*)

SOL: Vale, se lo diré en cuanto llegue.

---

4 Señora Sánchez, your former Spanish teacher, is now living in Spain and you phone her school to say hello to her.

TELEFONISTA: Instituto Cervantes, ¿dígame?

TÚ: (*Ask for extension 320.*)

TELEFONISTA: Sí, un momento por favor. No cuelgue.

SECRETARIA: ¿Sí, dígame?

TÚ: (*Ask her to put you through to señora Sánchez.*)

SECRETARIA: Sí, en seguida le pongo.

---

5 How would you express the following in Spanish?

(a) Would you like to leave a message?

(b) Would you be so kind as to give him/her a message?

(c) I'd like to make an international call.

(d) I want to make a personal call.

(e) I'd like a transferred charge call to London 0181-721-5300.

(f) I can't get through to number 647-9012.

(g) I was speaking to Señora Hernández but I got cut off.

(h) It's engaged.

---

6 Which form of salutation would you use in letter writing to address the following people?

(a) A Cristina, una amiga íntima.

(b) A Julián, un conocido.

(c) Al director de una empresa a quien no conoces.

(d) A la directora de una firma a quien no conoces.

(e) A la Señora Carmona con quien has tenido sólo contacto formal.

---

7 Complete each of these expressions used in formal letter writing with an appropriate word from the box.

objeto	fin	recibo	agrado	poder	contestación	mediante

(a) Obra en mi _____ su carta de fecha 4 de abril . . .

(b) Acuso _____ de su atenta carta de fecha 15 del corriente . . .

(c) En _____ a su carta de 10 de septiembre último . . .

(d) El _____ de la presente es informar a usted que . . .

(e) _____ la presente quisiera comunicarle que . . .

(f) Tengo el _____ de dirigirme a usted para . . .

(g) Me dirijo a ustedes a _____ de solicitarles que . . .

8 — Complete each of the sentences below with a suitable expression from the box. More than one phrase is possible in some cases.

> le agradecería ...   siento ...   lamento ...   tengo mucho agrado ...
> me complace ...   le ruego ...

(a) ... informarle que me será imposible viajar a Santiago en la fecha acordada.
(b) En relación con su anuncio en el periódico El Mundo, ... que me envíe una solicitud.
(c) ... comunicarle que usted ha sido seleccionado para el puesto de traductor.
(d) ... que me mandara un catálogo de sus productos.
(e) ... tener que decirle que no podremos despachar su pedido.
(f) ... en informarle que el proyecto presentado por su firma ha resultado ganador.

Which of these sentences express regret for something, express pleasure for something, request something?

⇒ 68(5)

9 — Use the guidelines below to write a formal letter, using the following expressions where appropriate. **Le ruego que** ..., **Le agradecería que** ...

```
En el periódico Los tiempos has visto un anuncio sobre cursos de
español. Escribe una carta al director de la escuela pidiendo un
boletín de inscripción y más información sobre los cursos,
incluyendo precios, número de horas de clase por semana, fechas y
horario de clases. Pide también que te envíen información sobre
alojamiento. Te gustaría quedarte con una familia.
```

⇒ 68(5)

30 *Basic strategies for communication*

1 — What expressions would you use in each of the following situations? Use one for each.

(a) En la calle quieres atraer la atención de un desconocido para preguntar algo.
(b) Quieres atraer la atención de un amigo.
(c) Estás hablando con tu jefe y le pides que repita algo que no has oído.
(d) Un desconocido te habla en español pero no le entiendes.
(e) Tienes que hablar ante un grupo de personas, y antes de empezar pides disculpas por tu español.
(f) Quieres saber el significado de la palabra *exigir*.
(g) No sabes cómo decir una palabra, por ejemplo *wood*, en español.
(h) Preguntas algo al recepcionista pero éste habla demasiado rápido.
(i) No sabes cómo pronunciar el apellido de una persona a la que acabas de conocer.
(j) Alguien llama por teléfono a tu amiga Carmen y deja un recado contigo, pero no sabes cómo escribir su apellido.
(k) En una reunión de negocios debes interrumpir a unos de los presentes, a quien no conoces muy bien.

2

There something not quite right within each of the exchanges below. Can you correct them?

(a) – ¡Oye!
    – ¿Sí, dígame?
    – Ha olvidado su paraguas.

(b) – Perdona.
    – ¿Dígame?
    – ¿Sabe dónde está la calle de Serrano?

(c) – Disculpe, pero no te entiendo. ¿Podría hablar más despacio, por favor?
    – Sí, por supuesto.

(d) – Antonio, perdone que te interrumpa . . .
    – Sí, dime.

3

Read this transcript of a talk on the subject of tourism and fill in the blanks with an appropriate expression from the box, without repeating any.

en último lugar	en lo que se refiere a	tales como	además	en suma
para empezar	quisiera referirme	seguidamente	a modo de ejemplo	

En esta ocasión _____ (1) a la situación por la que atraviesa el turismo en nuestro país. _____ (2), quiero que estudiemos las causas de su disminución, _____ (3) veremos las formas en que el turismo puede hacer frente a esta crisis por la que pasa actualmente y, _____ (4), analizaremos las perspectivas que tiene este sector de la economía a largo plazo. Ahora bien, _____ (5) las causas de su disminución, el factor más importante es el económico. La crisis por la que atraviesan algunos países europeos _____ (6) Gran Bretaña y Alemania, ha hecho que disminuya el flujo turístico de esas naciones hacia nuestro país. Esto se ha visto agravado, _____ (7), por el alto coste de nuestros propios servicios. _____ (8) podemos citar los recientes aumentos de precios en el sector de la hostelería. _____ (9), tanto la crisis externa como nuestra propia economía han sido factores determinantes en esta baja del turismo en nuestro país.

31 *Asking questions and responding*

1

Carlos gave this information about himself and his family. What questions was he asked? Write one suitable question for each reply.

(a) No, estoy casado.
(b) Sí, tengo dos hijos.
(c) No, mi mujer no trabaja.
(d) Sí, vivimos cerca de aquí.
(e) Sí, nos gusta mucho vivir aquí.
(f) No, no tenemos coche.

José is making enquiries about a room. For each of his questions give two possible alternative ways of asking them.

> P. ej.:
> **La habitación está amueblada, ¿verdad?/¿no?**
> **> ¿Está amueblada la habitación?**
> **> ¿La habitación está amueblada?**

(a)   ¿Es usted la propietaria?
(b)   ¿La habitación está disponible ahora?
(c)   La casa tiene calefacción central, ¿no?
(d)   Este precio incluye la calefacción, ¿verdad?
(e)   ¿Está en buen estado la habitación?
(f)   ¿Todos los grifos funcionan bien?
(g)   ¿Pagó todas las cuentas el último inquilino?
(h)   ¿El teléfono es de uso común?
(i)   ¿Tiene baño la habitación?

You have been asked to take part in a job interview with a Spanish speaker. Here is a list of questions which you will need to complete with an appropriate question word.

(a)   ¿_____ trabaja actualmente?
(b)   ¿_____ ingresó en la empresa?
(c)   ¿_____ puesto ocupa?
(d)   ¿_____ tiempo lleva en ese puesto?
(e)   ¿_____ gana?
(f)   ¿_____ quiere cambiarse de trabajo?

⇒   12(1), 12(2)

In an interview, Laura, a student, answered a questionnaire with personal information. What questions was she asked? Look at the form and write one suitable question for each entry, using question words.

> P. ej.:
> **Nombre: ¿Cómo te llamas?**

Nombre:	*Laura García Reyes*
Edad:	*19 años*
Profesión/ocupación:	*estudiante*
Dirección:	*Calle Santa Ana, 25, Sevilla*
Nº de teléfono:	*53 26 31*
Nombre de los padres:	*Rafael García y Julia Reyes*
Nº de hermanos:	*2*

⇒   12(1), 12(2)

5

Here is some information given to someone interested in a Spanish course. What questions did he/she ask to get these replies? The first one has been done for you.

– ¿Cuándo comienza el curso?	El lunes 3 de abril.
– ¿...?	Dura tres meses.
– ¿...?	De lunes a viernes.
– ¿...?	Las clases son de 1.00 a 4.00.
– ¿...?	El curso cuesta cuarenta mil pesetas mensuales.

⇒ 12(1), 12(2)

6

Rodrigo is travelling to Mexico from Chile. Here is some travel information given to him at a travel agency. What questions did he ask to get these replies?

– ¿...?	A México tenemos vuelos lunes y jueves.
– ¿...?	Salen a las 10 de la mañana.
– ¿...?	No, no son directos. Hacen escala.
– ¿...?	Hacen escala en Lima y Costa Rica.
– ¿...?	Novecientos dólares en clase turista.
– ¿...?	No, para el 2 de octubre no tenemos. Tendría que ponerlo en lista de espera.

⇒ 12(1), 12(2)

7

Complete the questions below with a suitable preposition from the box. Some of the questions can take more than one.

en	para	desde	por	hasta	a	con	de

(a) ¿ _____ dónde se va a la estación?
(b) ¿ _____ qué hora sale el tren?
(c) ¿ _____ qué andén sale?
(d) ¿ _____ qué hotel te quedarás?
(e) ¿ _____ cuándo vas a estar allí?
(f) ¿ _____ quién irás?
(g) ¿ _____ cuántas noches quiere usted la habitación?
(h) ¿ _____ cuándo vive usted aquí?

32 Negating

⇒ 15

1

Give the negative equivalent of each of the following words, using negative prefixes.

(a) apropiado

(b) conocido

(c) popular

(d) feliz

(e) igual

(f) aceptable

(g) ocupado

(h) cómodo

2

Roberto is just the opposite of María, his sister. Below is a description of María. Write a similar description of Roberto by negating each of the following adjectives.

María es atractiva, inteligente, competente y ordenada. Además, es atenta, cortés, sincera y honesta. María es muy popular entre sus compañeras.

3

How would you convey the following meanings in Spanish?

(a) She is not a very well-known person.

(b) She is an unknown person.

(c) He is not a very responsible employee.

(d) He is an irresponsible employee.

(e) He is a not at all responsible employee.

(f) They didn't even answer us.

(g) Neither Raquel nor Roberto came to our party.

(h) Javier didn't come either.

4

Eloísa has just moved into a new town and she seems unhappy with her new life. Read this extract from a letter she has written to her friend Marta, and fill in the gaps with appropriate negative words from the box, some of which appear more than once.

tampoco	nunca	ninguno	nadie	ni … ni	ningún	ni
nada						

Querida Marta:
Esta es la primera carta que escribo desde que llegué a vivir a San Lucas. Llevo dos semanas aquí y todavía no conozco a _____ (1). La vida aquí es demasiado tranquila y, aparte de mi trabajo, no hago _____ (2) especial. La verdad es que _____ (3) a Andrés _____ (4) a mí nos gusta el pueblo. A los chicos _____ (5) les parece gustar. La casa donde vivimos no está _____ (6) mal, aunque es un poco pequeña. Aún no sabemos quiénes son nuestros vecinos, ya que no los hemos visto _____ (7). Para serte franca, no tengo _____ (8) interés en conocerlos.
Me alegro de que me hayas escrito. _____ (9) de nuestros amigos lo ha hecho todavía, y _____ (10) he tenido noticias del resto de mi familia, _____ (11) siquiera de mis padres …

⇒ 13(1), 15(1), 15(2)

─── **5** ───

Ramiro has written to an agony aunt. Find out why by filling in the blanks in his letter with words from the following box, establishing gender agreement where appropriate.

ninguno	nadie	nada	nunca	ni	tampoco	sino

```
Hace tiempo mi novia me dejó sin que yo _____ (1) supiera por qué. Un
día cualquiera se fue sin decirme _____ (2). Mi problema es que
todavía no he logrado formar _____ (3) relación estable. He salido
con dos o tres muchachas, pero _____ (4) de ellas quiere volver a
salir conmigo. Mis amigos _____ (5) parecen tener _____ (6) interés
en mí. A veces me da la impresión de que _____ (7) me quiere. ¡ _____
(8) en mi vida me había sentido tan solo! Yo soy un hombre sin vicios,
no bebo _____ (9) fumo. Tampoco soy _____ (10) feo. No soy frío _____
(11) distante, _____ (12) todo lo contrario. Soy extremadamente
afectuoso. Vivo en una ciudad pequeña donde es casi imposible
conocer a _____ (13) y no tengo _____ (14) posibilidad de irme de
aquí. ¿Qué puedo hacer para encontrar a alguien? Ramiro
```

⇒   13(1), 15(1), 15(2)

─── **6** ───

Reply to each of the suggestions below with a negative sentence. Follow the example.

P. ej.:

¿Por qué no lo toleras? Es tu jefe.

> No porque sea mi jefe lo voy a tolerar.

(a) ¿Por qué no invitas a Carmen? Es tu vecina.

(b) ¿Por qué no los compras? Están de oferta.

(c) ¿Por qué no recurres a ella? Tiene mucha influencia.

(d) ¿Por qué no la contratas como traductora? Habla tres idiomas.

(e) ¿Por qué no te quedas en casa? Está lloviendo.

(f) ¿Por qué no sales con él? Es guapísimo.

33 *Reporting*

─── **1** ───

You are staying with a Spanish-speaking friend and while she is busy you take some telephone messages for her. How would you pass on each of the messages?

P. ej.:

Víctor: Pasaré a buscarla sobre las seis.

> Ha llamado Víctor. Dice que pasará a buscarte sobre las seis.

(a) JULIA: Necesito hablar con ella. La llamaré esta noche.

(b) JAVIER: Encontré el libro que me pidió. Lo tengo en casa.

(c) RICARDO: Me voy de vacaciones mañana y quiero despedirme de ella.

(d) MARÍA: Me he mudado de casa y quiero darle mi nueva dirección.

(e) SU MADRE: Tengo algo para ella. Pasaré a dejárselo.

(f) NICOLÁS: Iré allí esta tarde. Quiero pedirle un favor.

⇒   19(1)

2

María and Natalia are going on holiday. This is what the travel agent told María when she went to make the booking. How did she report it to Natalia the next day? The first part of each sentence is given to you.

(a) La reserva está confirmada, pero la línea aérea ha cambiado el horario de salida. La empleada de la agencia de viajes me dijo que. . . .

(b) El hotel El Conquistador está completo. Tendré que reservarles una habitación en el hotel Las Palmeras. También me dijo que. . . .

(c) Les haremos un descuento del veinte por ciento. El encargado de la agencia prometió que. . . .

(d) Los seguros de viaje estarán listos mañana. Me aseguraron que. . . .

⇒ 19(1)

3

Here are some newspaper headlines from a Spanish language paper. The next day you tell your Spanish-speaking friend about them. You may need to insert words which have been omitted in the headlines.

P. ej.:

Precio de la gasolina subió en un cinco por ciento.

> Leí en el periódico que el precio de la gasolina había subido en un cinco por ciento.

(a) Inflación acumulada hasta diciembre alcanzó el 4 por ciento.

(b) Gobierno y trabajadores han iniciado conversaciones para la fijación de un salario mínimo.

(c) Estudiantes salieron a las calles para protestar por el alza de matrículas.

(d) Vecinos del barrio de Santa Marta se opondrán a la construcción de nueva carretera.

(e) Ecologistas propondrán nueva ley de protección ambiental.

(f) Conflicto de mineros del carbón se ha solucionado.

4

Estrella del Valle, a famous Latin American film star was interviewed by a journalist. The next day Estrella told a friend what she was asked. How did she report each of the questions? The first one has been done for you.

P. ej.:

El periodista me preguntó cómo habían sido los primeros años de mi carrera artística, qué influencia . . .

(a) ¿Cómo fueron los primeros años de su carrera artística?

(b) ¿Qué influencia tuvo en su carrera su matrimonio con el director Juan Gatillo?

(c) ¿Por qué se alejó de él?

(d) ¿A qué atribuye el gran éxito de *El amor no tiene fronteras*?

(e) ¿Se sintió usted satisfecha con su actuación?

(f) ¿Es verdad que actuará junto a Lola Ríos?

(g) ¿Se divorciará usted de Pancho Fuertes?

(h) ¿Se siente aún enamorada de él?

─ **5** ─

You have heard the following conversation between two people you know, which a few days later you report to a Spanish-speaking friend. How would you report it? The first part has been done for you.

ISABEL: He decidido divorciarme de Pepe. Ya no lo soporto.
ANTONIO: ¿Por qué?
ISABEL: Creo que me es infiel. El otro día encontré un pañuelo de mujer en uno de sus bolsillos y no era mío.
ANTONIO: ¿Y has hablado con él?
ISABEL: Hablé con él y lo negó todo. No sé qué hacer.
ANTONIO: No tomes decisiones apresuradas. Piénsalo bien.

> P. ej.:
> **Isabel le dijo a Antonio que había decidido divorciarse de Pepe, porque ya no lo soportaba. Antonio le preguntó por qué e Isabel le contestó . . .**

⇒   19(3)

─ **6** ─

Your friend Alfonso has asked you to look after his house while he is away. Below is a list of the things he asked you to do. How would you tell a friend what Alfonso has asked you to do? Complete the sentence which follows with the list of indirect requests.

Alfonso me pidió que regara el jardín que . . .

> *riega el jardín*
> *pon la basura fuera por la noche*
> *dales de comer al gato y al perro*
> *saca a pasear al perro*
> *recoge la correspondencia*
> *mantén con llave la puerta del patio*
> *limpia la casa antes de mi regreso*
> *en caso de urgencia llámame al 56 2 753 2190*
> *no le digas a mi jefe dónde estoy*

34 *Asking and giving personal information*

─ **1** ─

You are preparing for a job interview in a Spanish-speaking country, in which you will have to give some personal information. How would you convey the following information?

(a) tu nombre
(b) tu nacionalidad
(c) la ciudad de donde eres
(d) el lugar y la fecha de tu nacimiento
(e) tu estado civil
(f) tu profesión u ocupación

─ **2** ─

What questions would you ask to get similar information from someone in a formal way?

3

Angela García gave the following information about herself. What questions was she asked? Use the familiar form.

(a)	¿ . . . ?	García.
(b)	¿ . . . ?	Soy ecuatoriana.
(c)	¿ . . . ?	De Quito, la capital.
(d)	¿ . . . ?	Nací en Ibarra.
(e)	¿ . . . ?	Voy a cumplir 25 años.
(f)	¿ . . . ?	Estoy divorciada.
(g)	¿ . . . ?	Estoy sin trabajo.

4

Gonzalo applied for a job and had to fill in this form. How would you tell a Spanish speaker about Gonzalo?

P. ej.:

Gonzalo García Montes es chileno, . . .

Nombre y apellidos:	*Gonzalo García Montes*
Nacionalidad:	*chileno*
Lugar de nacimiento:	*Valparaíso, Chile*
Fecha de nacimiento:	*21 de mayo de 1958*
Lugar de residencia:	*Santiago de Chile*
Estado civil:	*casado*
Profesión:	*arquitecto*
Cargo actual:	*jefe de obras, Constructora Pax*

5

Can you explain the difference in meaning between the following sentences?

(a) Francisco es camarero.
(b) Francisco está de camarero.
(c) Francisco está haciendo de camarero.

35 Identifying people, places and things

1

At a conference in a Spanish-speaking country someone comes up to you. Complete this conversation with him with appropriate statements or questions.

– ¿Es usted Pat Wilson?
– . . .   ¿ . . . ?
– Yo soy Manuel Lavanda.
– ¿ . . . ?
– No, no soy español. Soy uruguayo. ¿Y usted?
– . . .

2 Fill in the gaps in this dialogue with suitable phrases.

Una presentación

LUIS: Hola.

CARMEN: Hola, Luis. ¿Qué tal? Mira _____ _____ Raúl, mi hermano.

LUIS: Hola.

RAÚL: Hola, ¿qué tal?

CARMEN: Y _____ _____ Isabel, mi hermana.

⇒ 9

3 Complete this dialogue with the most appropriate words.

En la aduana

FUNCIONARIO: ¿_____ _____ su maleta?

VIAJERO: _____ negra, la que está junto a _____ azul.

FUNCIONARIO: Y _____ maletín, ¿es suyo también?

VIAJERO: Sí, _____ mío.

⇒ 9

4 What questions would you ask to get these replies?

(a) No, éste no es mi pasaporte. Mi pasaporte es el otro.

(b) Mi equipaje es aquél.

(c) Nuestras cosas son ésas.

(d) No, la habitación de Marta no es ésa, es ésta.

(e) Nuestra casa es la que está al lado de la farmacia.

(f) ¿Esto? No sé, no tengo idea lo que es.

(g) Ese señor es mi jefe.

(h) Esos chicos son los de mi hermana.

⇒ 9

36 Describing people, places and things

1 A Spanish person you have never seen before is coming to see you. She's waiting for you to pick her up. Here is a description of the person who is coming to see you. How does she describe herself. Use the following verbs: **tener, medir, ser, llevar**.

P. ej.:

Tengo cuarenta años ...

Mercedes Gómez:	
Edad	40 años
Estatura	1.60 m.
Complexión	delgada
Ojos	marrones
Pelo	negro

Tez	morena
Ropa	vestido color rosa
	zapatos y bolso blancos
Otros	gafas redondas y pequeñas

2 How would you describe yourself on the phone so that she will recognize you?

3 How would you describe Mercedes to another Spanish-speaking friend?

4 You witnessed an armed robbery and are being interviewed by the police. How would they ask what the robbers were like? Which of the following verbs would you use to complete the description of one of the robbers?

llevar	estar	tener	ser

Era bajo y más bien gordo, _____ (1) moreno, _____ (2) unos cuarenta años diría yo, _____ (3) el cabello muy negro y, si mal no recuerdo, _____ (4) gafas oscuras, un sombrero y una bolsa. Me llamó la atención, porque _____ (5) pobremente vestido; _____ (6) pantalones negros a rayas y una camisa roja. Recuerdo también que _____ (7) una cicatriz en la cara.

5 Antonio is remembering someone he knew. Complete his description of the person with the appropriate verbs.

Natalia era una persona muy especial. _____ (1) alta y delgada, _____ (2) ojos verdes y una mirada intensa. No _____ (3) guapa, pero _____ (4) un cierto atractivo y una sonrisa maravillosa. No _____ (5) más de veinte años cuando yo la conocí, pero _____ (6) madura e inteligente. Natalia _____ (7) un carácter alegre y _____ (8) de una gran vitalidad y, aunque normalmente _____ (9) ropa deportiva, no descuidaba su apariencia. Aún recuerdo la noche en que nos conocimos. Era el día de su cumpleaños y _____ (10) muy guapa y elegante. _____ (11) el pelo suelto sobre los hombros y _____ (12) de negro. Me gustó desde el momento en que la vi.

6 Describe someone you know including his or her character.

7 How would you describe your own character?

8 Here is a description of the holiday town of San Andrés. Fill in the blank spaces with the correct present tense form of **haber**, **tener**, **ser** or **estar**.

San Andrés _____ (1) situado en lo alto de una colina frente al mar. _____ (2) una ciudad pequeña, _____ (3) sólo cuarenta mil habitantes. Entre sus atractivos turísticos _____ (4) su catedral, que _____ (5) una de las más antiguas de la región y _____ (6) muy bien conservada. En San Andrés _____ (7) una gran cantidad de hoteles y restaurantes, de todas las categorías. Entre los más conocidos _____ (8) el Hotel Monte Grande y el Restaurante del mismo nombre, para nombrar sólo algunos.

Su clima es otro de sus grandes atractivos. Los inviernos _____ (9) suaves y en verano no _____ (10) demasiado calor. Por la noche _____ (11) una agradable brisa que invita a dar largos paseos junto al mar, mar que _____ (12) de un azul intenso y donde _____ (13) una gran variedad de peces. Sus playas de arenas blancas _____ (14) la delicia de aquéllos que vienen en busca del sol.

⇒   22(1)

<hr>

9

You witnessed an accident in which one of the drivers drove off. Describe the vehicle to the police.

> P. ej.:
> **Era un coche marca Peugeot ...**

Vehículo:	coche
Marca:	Peugeot
Modelo:	404
Color:	verde oscuro
Matrícula:	BA 5412 XH
Otros:	abolladuras en un costado, descolorido, sucio parabrisas roto

37 *Making comparisons*

⇒   6

<hr>

1

Study this information about Elena and David and use it to write comparative sentences using the expressions **más ... que**, **tan ... como**, **tantos ... como**, or other similar forms.

> P. ej.:
> **Elena es menor que David.**
> **David trabaja tantas horas como Elena.**

Elena	David
(a) Tengo 28 años	Voy a cumplir 32 años
(b) Peso 65 kilos	Peso más de 75 kilos
(c) Mido 1.74	Mido 1.74
(d) Tengo tres hijos	Tengo tres hijos
(e) Trabajo de 9.00 a 17.00	Trabajo de 10.00–18.00
(f) Gano 150.000 pesetas al mes	Gano 90.000 pesetas al mes
(g) Tengo 4 semanas de vacaciones	Tengo 3 semanas de vacaciones
(h) Hablo tres idiomas	Hablo español e inglés
(i) Mi inglés es excelente	Mi inglés es regular

2

You are travelling to Central America. Study this information about two countries in the area and then use it to write comparative sentences using the following verbs: **ser, tener, producir, exportar, importar.**

P. ej.:
Costa Rica es más pequeño que Honduras.

País	Costa Rica	Honduras
(a) Superficie	51.100 km^2	112.088 km^2
(b) Habitantes	3.191.000	5.463.000
(c) Analfabetismo	7,4	26,9
(d) Periódicos	5	5
(e) Canales de TV	11	8
(f) Producción de azúcar	2.629 toneladas	2.909 toneladas
(g) Exportación de azúcar	US$ 27 millones	US$ 5,8 millones
(h) Importación de combustibles	US$ 152 millones	US$ 167 millones

3

Marta wants to rent an apartment and she has made notes about three she has seen, rating them from 0 to 10. Can you say which one is the cheapest, the largest, etc. Look at the table below and use the words given to you. The first one has been done for you.

Calle	Clavel	Fontana	Salvador
Precio	8	5	6
Tamaño	7	9	8
Situación	5	7	10
Comodidad	6	10	9
Seguridad	7	5	4
Tranquilidad	6	4	7

(a) (barato) El apartamento de la calle Clavel es el más barato.

(b) (grande)

(c) (céntrico)

(d) (cómodo)

(e) (seguro)

(f) (tranquilo)

¿Qué apartamento te parece más apropiado? ¿Por qué?

4 Complete these sentences with **que**, **de** or **a**, as appropriate.

(a) El alemán es más difícil _____ lo que yo creía.

(b) El español me resulta más fácil _____ el francés.

(c) Gana mucho más _____ yo.

(d) Le pagan más _____ dos millones de pesetas al año.

(e) Raquel es igual _____ su madre.

(f) Habla igual _____ tú.

(g) Gastamos lo mismo _____ vosotros.

(h) El hotel Don Pedro es igual _____ caro.

38 *Expressing existence and availability*

1 Fill in the gaps in these sentences with the correct form of **haber**.

(a) ¿Asistió mucha gente a la fiesta de Pepa? – Pues, _____ por lo menos treinta personas.

(b) ¿Vendrán todos a la reunión? – Creo que _____ unas diez personas.

(c) El sábado pasado _____ una gran manifestación para protestar por el alza de los impuestos. En ella _____ más de cien mil personas y _____ numerosos detenidos.

(d) Según hemos podido apreciar, en los últimos años _____ un importante aumento de la delincuencia. En nuestro barrio, precisamente, _____ dos atracos en lo que va de esta semana.

(e) Ayer _____ un accidente espantoso en la calle Cervantes esquina a Goya y _____ varios heridos.

(f) ¿Crees que hay habitaciones? – No creo que _____. En esta época del año los hoteles están llenos.

(g) Os aseguro que no hay ningún problema. Si _____ alguno os lo diría.

(h) De _____ algún problema, tendremos que aplazar la reunión.

2 A tourist stops a passer-by to enquire about hotels. Fill in the gaps in the dialogue with **hay** or the correct form of **estar**.

TURISTA: ¿_____ (1) algún hotel por aquí?

TRANSEÚNTE: Bueno, _____ (2) el hotel Paraíso, que es estupendo, y _____ (3) otro justo enfrente, pero no recuerdo su nombre.

TURISTA: ¿Y _____ (4) dónde aparcar allí?

TRANSEÚNTE: Pues sí, _____ (5) el aparcamiento del hotel y también _____ (6) un aparcamiento público.

3 At a hotel reception a tourist requests a room. Fill in the gaps in the conversation with **hay** or the correct form of **ser** or **estar**.

TURISTA: Buenos días, ¿ _____ (1) alguna habitación disponible?

RECEPCIONISTA: ¿Cuántas personas _____ (2)?

TURISTA: _____ (3) tres, mi mujer, yo y un niño pequeño.

RECEPCIONISTA: Pues sí, _____ (4) una habitación triple en el segundo piso, pero es interior.

TURISTA: ¿No tiene vista?

RECEPCIONISTA: Bueno, _____ (5) el jardín, que es muy agradable, y la piscina.

39 *Expressing location and distance*

1 Look at this map of a Spanish town showing the location of two shops and other sites, then read the sentences which follow and say whether they are true or false. Correct false statements. You are at the bottom end of calle Jacinto Benavente.

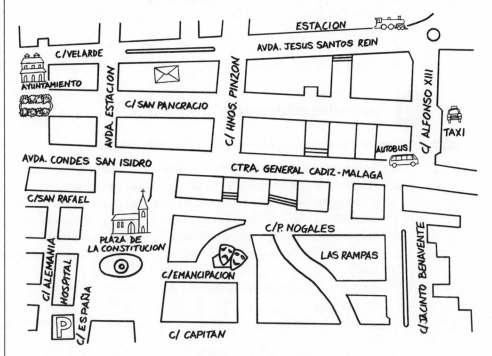

(a) La parada de autobuses está detrás de la parada de taxis.
(b) La parada de taxis está en la calle Alfonso XIII, a la izquierda.
(c) La estación está en la avenida Jesús Santos Rein, entre Hermanos Pinzón y Alfonso XIII.
(d) Correos está entre la calle San Pancracio y la avenida Estación, pasado el Ayuntamiento.
(e) La plaza de la Constitución está detrás de la iglesia.
(f) El hospital está enfrente de la plaza de la Constitución.

2 Here's your friend Pablo's house. Describe it to a Spanish-speaking person giving as much information as possible about the location of each room. Use some of the following expressions:

en la planta baja	en el primer piso	encima	debajo	junto a
al lado de	al fondo de	enfrente de	entre	

P. ej.:
El dormitorio de Pablo está en la planta baja, en la entrada de la casa, enfrente de la cocina, junto al baño.

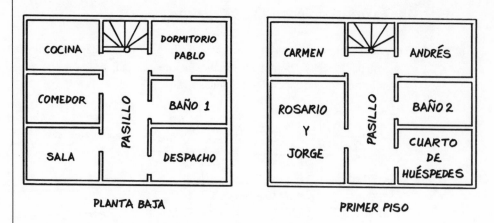

PLANTA BAJA   PRIMER PISO

3 Rewrite these sentences using the more formal words in brackets.

(a) El monte Aconcagua está en la América del Sur. (encontrarse)

(b) El río Amazonas también está en Sudamérica. (hallarse)

(c) La Paz, capital de Bolivia, está a casi 4.000 metros de altura. (estar situado)

(d) ¿Dónde está la Sierra Nevada? (encontrarse)

(e) La ciudad más cercana estaba a muchos kilómetros de allí. (hallarse)

(f) Su casa estaba en lo alto del monte. (encontrarse)

(g) ¿Dónde estaban los guardias? (hallarse)

(h) Estaban en el interior del recinto. (encontrarse)

4 What questions would you ask to get these replies?

(a) Mi casa está en la calle Salvador Dalí.

(b) Está a dos kilómetros de aquí.

(c) La fiesta es en casa de Raúl.

(d) La oficina de Paco está al final del pasillo.

(e) No, está lejos.

(f) Estábamos en casa de María.

(g) La reunión fue en mi despacho.

(h) La manifestación será en la plaza de los Héroes.

5 Read this note written by Rebeca to her colleague Mario and choose the correct verb, **ser** or **estar**.

> *Mario: La entrevista para la selección de la nueva asistente de dirección (1 estará/será) en el despacho del nuevo jefe de personal, que (2 está/es) en la segunda planta, al final del pasillo. Yo (3 estaré/seré) allí a las seis en punto. No faltes.*
>
> *Aprovecho para recordarte que la despedida de Manolo (4 estará/será) en el piso de Carmen, esta misma noche. (5 Está/Es) un poco lejos, pero hay un autobús que pasa por allí. La parada (6 está/es) enfrente del cine Plaza. Podemos irnos juntos. Rebeca*

40 *Expressing possessive relations*

⇒ 10

 1

Fill in each gap in this letter of reference with an appropriate possessive.

Muy señor _____ (1):
En respuesta a _____ (2) carta de fecha 28 de abril, tenemos mucho
agrado en informar a usted que la señorita Carmen Molina trabaja en
_____ (3) empresa desde hace cinco años.
   La señorita Molina es una de _____ (4) mejores empleadas y en _____
(5) calidad de jefa de ventas ha hecho una importante contribución
a _____ (6) compañía. _____ (7) relaciones con el resto del personal
han sido excelentes y tanto _____ (8) colegas como nosotros mismos
lamentaremos _____ (9) partida.
   Esperamos haber dado respuesta a _____ (10) solicitud, y quedamos
a _____ (11) entera disposición para cualquier consulta.
Atentamente

2

Fill in the blanks in these conversations with an appropriate possessive.

(a) PORTERO: Perdone, señora. ¿Esta maleta es _____?

   TURISTA: No, no es _____. Yo sólo tengo esta bolsa. La maleta es _____ ese señor
                  que está allí.

(b) POLICÍA: _____ coche está mal aparcado, señor.

   SEÑOR: Perdone usted, pero ese coche no es _____. _____ es aquél.

(c) DEPENDIENTA: ¡Señora, ha olvidado _____ paraguas?

   CLIENTA: Ese paraguas no es _____. Yo no he traído paraguas.

3

Victoria wrote to her friend Fernando. Can you fill in the gaps in her letter with a suitable possessive?

Querido Fernando:
Muchas gracias por _____ (1) carta, que recibí ayer. Y gracias por _____ (2) invitación, que no
podré aceptar, ya que este sábado llega una gran amiga _____ (3) de Inglaterra y se quedará en
_____ (4) apartamento unos días. Otra vez será.
   Aprovecho esta carta para darte una gran noticia. Roberto y yo nos casaremos en abril. _____
(5) boda será el sábado 16 y tú y Marisa seréis _____ (6) invitados de honor. No podéis faltar.
No olvidéis que nos conocimos en _____ (7) casa, cuando vosotros vivíais en Mallorca.
   Aún no sabemos dónde vamos a vivir. Lo que sí es seguro, es que yo dejaré _____
(8) apartamento de la calle Gracia y Roberto _____ (9) en la calle Mayor, y alquilaremos uno cerca
de _____ (10) respectivos trabajos. Y yo venderé _____ (11) coche, ya que no necesitaremos dos.
A propósito, ¿lograste vender _____ (12)? Espero que sí.
   Escríbeme y dame noticias _____ (13) y de Marisol. Roberto os envía _____ (14) saludos.
Un abrazo. Victoria

4

Rewrite these sentences using the more colloquial construction with **de**.

P. ej.:

¿A quién pertenece ese libro?

> ¿De quién es ese libro?

Pertenece a Juan.

> Es de Juan.

(a) ¿A quién pertenece esa casa?

(b) Pertenece al señor Rodríguez.

(c) ¿A quién pertenecían las joyas?

(d) Pertenecían a mi abuela materna.

(e) ¿A quién pertenecen estos terrenos?

(f) Pertenecen a la familia Morales.

(g) ¿A quiénes pertenecían aquellas propiedades?

(h) Pertenecían a unos parientes de mi mujer.

5 How would you express the following in Spanish?

(a) My feet ache.

(b) My back aches.

(c) He had his own room.

(d) They have their own problems.

(e) She bought it with her own money.

(f) This building was the property of the university but now it belongs to the town hall.

41 Expressing changes

1 Here is the story of five old school friends and of what became of each of them. Find out what happened to each by filling in the gaps with one of the following verbs: **hacerse**, **volverse**, **llegar a ser** and **quedar**. The first has been done for you.

(a) Lucía se dedicó a vender hamburguesas y *se hizo* millonaria.

(b) A Arturo le gustaba la velocidad y a causa de un accidente de coches _____ paralítico.

(c) Rosario era muy religiosa y cuando dejó el colegio _____ monja.

(d) José María adoraba a su mujer, y el día que ésta lo abandonó _____ loco.

(e) A Felipe le encantaba la política y al cabo de unos años _____ presidente.

2 Fill in the gaps in this passage with the pluperfect tense of one of these verbs: **quedar**, **ponerse**, **hacerse**.

Se había puesto a llover torrencialmente y _____ (1) tarde, así que decidimos volver. No queríamos llegar tarde a casa otra vez. La última vez que lo hicimos, mi padre _____ (2) furioso. Mi madre, que no _____ (3) bien después de su larga enfermedad, _____ (4) muy nerviosa.

A lo lejos se veía la silueta de nuestra vieja casa de madera recién restaurada. La habíamos pintado de blanco y _____ (5) muy hermosa. Mi madre al verla _____ (6) muy sorprendida.

3 Express the following in Spanish using verbs of transformation like **ponerse**, **quedar**, **quedarse**, **hacerse**, **llegar a ser**, **volverse**. More than one sentence is possible in some cases.

(a) Cristina *became* an orphan at six.

(b) Juan *turned* very pale when he heard the news.

(c) It *started* to snow as soon as we went out.

(d)   They *became* famous with their show.
(e)   After a few days at work Pablo *turned* very lazy.
(f)   My boss *is becoming* unbearable.
(g)   She started to cry when we told her what had happened.
(h)   Our father *has become* very old.
(i)   She went to live in China and *became* a Buddhist.
(j)   At the age of fifty Francisco *became* a widower.

42   *Describing processes and results*

1

Read this passage which describes the process for the export of fruit in a South American country, and change each of the verb phrases in italics into the less formal construction of **se +** third person of the verb.

> P. ej.:
> **Primero la fruta *se cosecha* y luego ...**

Primero la fruta (1) *es cosechada* y luego (2) *es transportada* en camiones desde los centros de producción hasta las empresas dedicadas a la exportación. Allí ésta (3) *es seleccionada* cuidadosamente y después (4) *es embalada* y (5) *puesta* en camiones frigoríficos; luego (6) *es enviada* a los puertos, donde (7) *es embarcada* y (8) *despachada* al exterior.

⇒   24(1), 24(3)

2

Now rewrite the previous passage using the more colloquial third person plural of the verb, and making other necessary adaptations.

> P. ej.:
> **Primero *cosechan* la fruta y luego ...**

3

You had some Latin American friends for dinner and one of them was very complimentary about your Spanish omelette and would like the recipe. Read it and then explain to your friend how to prepare it, using the more colloquial and informal second person singular. Make other necessary adaptations.

> P. ej.:
> **Primero *pelas* las patatas y la cebolla ...**

> *Tortilla de patatas*
> Ingredientes:
> 5 patatas medianas
> 1 cebolla
> 4 huevos
> aceite de oliva
> sal

Preparación: Primero (1) *se pelan* las patatas y la cebolla y (2) *se cortan* en rodajas. Luego (3) *se fríen* en aceite de oliva y (4) *se baten* los huevos. Después (5) *se sacan* las patatas y la cebolla de la sartén y (6) *se mezclan* con los huevos. (7) *Se pone* un poco de aceite en la sartén y (8) *se echa* la mezcla de patatas, cebolla y huevos. Una vez que la tortilla está hecha por un lado, (9) *se da vuelta* y (10) *se cocina* por el otro lado.

⇒ | 24(3)

4

Think of another recipe you might like to give your friend and write it down using the construction with **se**, as in Exercise 3 above. Use words like **primero**, **luego**, etc., to show the order of each stage.

5

Read this list of historical information about the Americas and change each of the sentences into the passive form.

P. ej.:
1492   Colón descubre América
> **América fue descubierta por Colón en 1492.**

(a)   1513   Vasco Nuñez de Balboa descubre el mar del Sur, hoy llamado Océano Pacífico.
(b)   1519–22   Hernán Cortés conquista México.
(c)   1535   Pizarro funda la ciudad de Lima.
(d)   1836   Estados Unidos ocupa Tejas.
(e)   1848   Estados Unidos anexiona Tejas.
(f)   1864   Napoleón III designa emperador de México a Maximiliano de Austria.
(g)   1867   Los republicanos fusilan a Maximiliano de Austria.
(h)   1895   El Ejército Libertador de Cuba derrota a los españoles.

⇒ | 24(4)

6

The Pobletes are having friends over for the weekend and the whole family have been helping to put things in order before their arrival. Mother is checking all the things to be done. Reply to her statements confirming that each chore has already been done.

P. ej.:
Hay que lavar la ropa.
> **Ya está lavada.**

(a)   Hay que hacer las camas.
(b)   Hay que poner las flores en los floreros.
(c)   Carlos, no te olvides de arreglar el grifo del baño.
(d)   Elena, tú tienes que pelar las patatas para la tortilla.
(e)   Pepe, tú envuelves el regalo para las visitas.
(f)   Carlos, abre la ventana del cuarto de huéspedes.
(g)   Hay que encender la luz del patio.
(h)   Sois una familia ejemplar. Ahora yo pondré la mesa.

43 *Expressing cause, effect and purpose*

1 Establish relationships of cause and effect by linking each phrase on the left with two phrases on the right.

(a) Se resfrió
(b) No aprobó su examen de español
(c) El avión se retrasó
(d) No consiguió el puesto
(e) Faltó al trabajo
(f) Hubo que tirar la comida

1 por un problema técnico
2 por motivos de salud
3 porque no sabía nada
4 por salir sin abrigo
5 porque no cumplía con los requisitos necesarios
6 porque nadie la quiso
7 porque no se sentía bien
8 por no estudiar lo suficiente
9 a causa de la lluvia y el frío
10 por falta de experiencia
11 ya que estaba en mal estado
12 debido a la niebla

⇒ 27(1)

2 Establish relationships of cause and effect by linking the following phrases with the expression given in brackets, changing the sequence of the phrases when necessary.

(a) no habla español – necesitará un intérprete (como)
(b) no tienen coche – tendrán que alquilar uno (así que)
(c) el avión no podía aterrizar – había mucha niebla (por eso)
(d) el coche estaba en muy mal estado – tuvimos que comprar otro (por lo tanto)
(e) no tenía tu teléfono – no pude llamarte (porque)
(f) no llevábamos un plano de la ciudad – nos perdimos (como)
(g) preferí evitarla – era obvio que no quería verme (de manera que)
(h) tendré que usar la máquina de escribir – el ordenador/computador (L. Am.) no funciona (así que)

⇒ 27(1)

3 Complete these sentences expressing purpose using **para** with an appropriate verb from the box, and adding personal pronouns where necessary. The first sentence has been done for you.

llegar a tiempo	oír mejor	preguntar	pedir un aumento	despertar
felicitar	bajar de peso	lavar		

(a) Era tarde. Tuvo que correr *para llegar a tiempo.*
(b) Estaba muy gordo. Tuvo que hacer ejercicio . . .
(c) Gano muy poco. Hablaré con el jefe . . .
(d) La televisión está muy baja. Subiré el volumen . . .
(e) Por fin aprobó su examen. La llamaré . . .
(f) No sé a qué hora llega el avión. Llamaré a informaciones . . .

(g)   La ropa estaba sucia. Compré detergente . . .

(h)   El niño está durmiendo. Quítate los zapatos . . . no . . .

---

4   Complete each of the following sentences expressing a purpose. Use an appropriate verb from the box. The first sentence has been done for you.

conocer	despertarse	leer	mojarse	reparar	entender
perderse	darse prisa				

(a)   No te he presentado a mis padres. Te invitaré a mi casa *para que los conozcas.*

(b)   La aspiradora no funciona. La llevaré al taller . . .

(c)   María Inés me ha enviado una postal. Te la dejaré aquí . . .

(d)   Están tardando mucho. Los llamaré . . .

(e)   Está lloviendo a cántaros. Te prestaré mi paraguas . . .

(f)   Era un problema muy difícil. Se lo expliqué cuidadosamente . . .

(g)   Carlos seguía durmiendo. Llamé a su puerta . . .

(h)   Era difícil llegar. Les enseñé el camino . . .

⇒   18(4)

---

5   Translate the following sentences into English.

(a)   Nos escondimos, de manera que no pudieron encontrarnos.

(b)   Nos escondimos, de manera que no pudieran encontrarnos.

(c)   Les comunicamos nuestra llegada, de modo que fueran a esperarnos al aeropuerto.

(d)   Les comunicamos nuestra llegada, de modo que fueron a esperarnos al aeropuerto.

(e)   Se lo he dicho, de manera que esté informado de lo que está ocurriendo.

(f)   Se lo he dicho, de manera que está informado de lo que está ocurriendo.

(g)   Tenemos una habitación a tu disposición, de modo que puedes quedarte el tiempo que quieras.

(h)   Tenemos una habitación a tu disposición, de modo que puedas quedarte el tiempo que quieras.

---

6   Read this business letter sent by a Spanish company to a customer and fill in the gaps with an appropriate expression from the box, without repeating any.

para	puesto que	debido a	a fin de que	por motivos
razón por la que				

```
Estimado señor Molina:
En respuesta a su carta de fecha 5 de abril, lamentamos informarle
que _____ (1) un conflicto laboral nuestra fábrica paralizó su
producción durante diez días, _____ (2) nos será imposible despa-
char la totalidad del pedido que usted nos solicita en la fecha
oportuna. Nos comprometemos, sin embargo, a enviarle una parte de
los artículos solicitados, _____ (3) sus ventas no se vean afecta-
das. Con respecto al resto del pedido, le llamaremos dentro de unos
días _____ (4) acordar una nueva fecha de entrega.
```

Aprovechamos esta oportunidad para informarle que, _____ (5)
personales, la señora Julia Miranda ha dejado nuestra empresa, y
_____ (6) que aún no ha sido reemplazada, toda correspondencia
relacionada con el servicio de ventas deberá ser dirigida a mi
nombre.

44 Expressing knowledge

1

Fill in the gaps with the correct form of **saber**, **conocer** or **conocerse**, as appropriate.

(a) Paco y yo _____ hace tres años en casa de un amigo común.
(b) Sara no tenía idea sobre lo que había pasado. Lo _____ por Enrique, que se lo dijo ayer.
(c) La abuela de Esteban era analfabeta, no _____ leer ni escribir.
(d) El pueblo no tenía más de dos mil habitantes cuando yo lo _____
(e) Invitaré a mi novia para que tú la _____.
(f) Mis padres _____ al terminar la guerra civil.
(g) A los cinco años él ya _____ tocar el piano maravillosamente.
(h) No tengo idea dónde está. Si lo _____ te lo diría.

2

Translate the following sentences into Spanish using **saber** or **conocer**, as appropriate.

(a) Did you know that Carmen and Rodrigo have got married?
(b) I don't know him personally, but I know he is well-known in the town.
(c) You don't know how to swim? I know someone who could teach you.
(d) Don't you know Pablo? We've known each other for years.
(e) Bernarda knows where you can buy them.
(f) I didn't know Mexico until I was sent there by my company.
(g) I knew immediately it was her when I heard her voice.
(h) Do you know any good hotel here? – I know the Plaza is very good.

45 Saying whether one remembers or has forgotten something or someone

1

You have several things to do today. How would you ask your Spanish-speaking friend to remind you of them?

P. ej.:
change money
> **Recuérdame que tengo que cambiar dinero.**

(a) go to the bank
(b) take clothes to the launderette
(c) buy postcards and films
(d) return books to the library
(e) call mother
(f) post letters
(g) take camera for repair
(h) confirm return flight

2 Fill in the gaps with the correct form of **acordarse de** or **recordar**.

(a) ¿_____ Alfonso, aquel chico que te presenté en mi fiesta de cumpleaños? – Lo _____ perfectamente. Nunca lo olvidaré.

(b) Yo no _____ haber estado allí antes.

(c) Enrique nunca _____ nosotros. No nos escribe jamás.

(d) El accidente le causó una amnesia total. No _____ absolutamente nada.

(e) La verdad es que yo no _____ que me lo haya dicho.

(f) Perdone usted, pero ¿_____ traer el dinero que me debe? Parece que lo ha olvidado otra vez.

(g) Me cuesta olvidarla. _____ que era muy guapa y que tenía un gran sentido del humor.

(h) ¿Qué _____ tú de todo lo que pasó?

3 Antonio is very forgetful and María is checking to see if he has remembered doing certain things. Rephrase her sentences using **acordarse**.

P. ej.:

¿Has pagado la cuenta de la luz?

> ¿Te has acordado de pagar la cuenta de la luz?

(a) ¿Has comprado el vino para la cena?

(b) ¿Has sacado dinero del cajero automático?

(c) ¿Le has dicho al electricista que venga?

(d) ¿Le has devuelto el martillo al vecino?

(e) ¿Has hecho lo que te pedí?

(f) ¿Les has escrito a Gabriela y Julián?

4 Alicia and Pedro are remembering the old times. How does Alicia ask Pedro whether he remembers certain things? Use **recordar**.

(a) El día de nuestra boda.

(b) Hacía un tiempo maravilloso.

(c) Nuestra luna de miel.

(d) El hotel estaba a orillas de un lago.

(e) El viaje de regreso a casa.

(f) La fiesta de bienvenida que nos dieron nuestros amigos.

5 Transform these sentences, replacing the verbs in italics by those in brackets and making any necessary changes.

(a) No *olvides* traer lo que te pedí. (olvidarse)

(b) *Se nos olvidó* invitar a Ernesto. (olvidar)

(c) ¡Qué despistada soy! Otra vez *he olvidado* el paraguas. (dejarse)

(d) No vale la pena recordarla. *Me he olvidado* de ella para siempre. (olvidar)

(e) ¿Sigues enamorada de Enrique o ya lo *has olvidado*? (olvidarse)

(f) No *olvides* echarle sal a la comida. (olvidarse)

(g) Ayer *olvidé* aquí las gafas de sol. ¿Las habrá encontrado alguien? (dejar)

(h) Lo mejor es *olvidar* todo lo que pasó. (olvidarse)

46   *Expressing obligation and duty*

1   Your house needs sorting out. Consider each of the problems below and write suitable sentences saying what you have to do to solve them.

> P. ej.:
> **Las plantas necesitan agua.**
> **> Tengo que regarlas.**

(a)   La casa está sucia.
(b)   La ropa está sucia.
(c)   Las camisas están arrugadas.
(d)   Los platos están sucios.
(e)   Las flores del jarrón ya están marchitas.
(f)   El césped está demasiado largo.
(g)   La televisión está encendida.
(h)   La puerta de calle está abierta.

2   Javier, and Lola and her friend Isabel, are complaining about their many obligations. Look at the list of activities below and speak for them, using the construction **tener que** + infinitive.

> P. ej.:
> (Javier)   **Ayer tuve que estudiar.**
> (Lola e Isabel)   **Mañana tenemos/tendremos que trabajar.**

Javier
(a)   anteayer: limpiar la casa
(b)   ayer: arreglar el coche
(c)   hoy: hacer mis deberes
(d)   mañana: preparar un examen

Lola e Isabel
(e)   la semana pasada: hacer horas extras
(f)   el sábado pasado: escribir un informe
(g)   mañana: presentar el informe al jefe
(h)   pasado mañana: asistir a una conferencia

3   Now tell someone about Javier's, and Lola and Isabel's obligations.

> P. ej.:
> **Javier: Ayer tuvo que estudiar.**

4   Now talk about your own obligations.

(a)   ¿Qué tuviste que hacer la semana pasada?
(b)   ¿Qué tienes que hacer esta semana?

5   Roberto is asking his doctor whether he really has to do what he is being told. What are his questions?

P. ej.:

Tiene que dejar de fumar.

> ¿De verdad tengo que dejar de fumar?

(a) Tiene que beber menos.

(b) Tiene que bajar su nivel de colesterol.

(c) Tendrá que consumir menos grasas.

(d) Debe hacer más ejercicio.

(e) Tiene que trabajar menos.

(f) Tendrá que controlarse periódicamente.

6

Respond to each of the following questions and statements saying what should be done or should have been done.

P. ej.:

¿Crees que nos darán un aumento de sueldo?

> Deberían dárnoslo.

No nos dieron el aumento que pedíamos.

> Deberían habérnoslo dado.

(a) Seguramente lo ascenderán, ¿no crees tú?

(b) No lo ascendieron.

(c) ¿Crees que la empresa aceptará las demandas de los trabajadores?

(d) La administración de la empresa rechazó sus demandas.

(e) No creo que el gerente renuncie. ¿Qué piensas tú?

(f) A pesar de las presiones, el gerente no dejó su cargo.

(g) ¿Crees que me darán unos días de vacaciones?

(h) Pedí una semana de vacaciones pero no me la dieron.

⇒ 61(1), 61(2)

47 *Expressing needs*

1

Silvia has left her computer for repair. Fill in the blanks in this conversation between her and the technician with verbs from the box.

tener que	hacer falta	necesitar

– ¿Para cuándo _____ (1) usted el ordenador/computador (L. Am.)?

– Lo _____ (2) para mañana, porque _____ (3) que hacer una traducción.

– ¿Quiere que se lo envíe a su casa?

– No, no _____ (4) que me lo envíe. Vendré yo misma a buscarlo. ¿Quiere que le deje algo a cuenta?

– No, no _____ (5), gracias. Puede pagarme todo mañana.

2

Reply to each of the following offers with the expressions in brackets.

> P. ej.:
>
> **¿Quieres que abra la ventana? (no hacer falta)**
> **> Gracias, no hace falta que la abras.**

(a) ¿Quieres que cierre la puerta? (no ser necesario)

(b) Yo te diré lo que pasa. (no hacer falta)

(c) Está un poco oscuro. Encenderé la luz. (no ser necesario)

(d) Yo te ayudaré. (no hacer falta)

(e) ¿Queréis que os espere? (no hacer falta)

(f) Os serviré la cena. (no ser necesario)

(g) Me quedaré contigo. ¿Qué te parece? (no hacer falta)

(h) Si es necesario, vendremos mañana. (no ser necesario)

3

Alfonso works as a hotel receptionist. Here are some questions Alfonso often has to ask the hotel guests. How would you express them in Spanish?

(a) Do you need anything sir?

(b) Do you need me?

(c) What do you need?

(d) Do you need a taxi?

(e) Do you need to leave your luggage at the reception desk?

(f) Do you need to be woken up tomorrow?

48 *Expressing possibility and probability*

1

Look at these symbols showing possible weather conditions in six European cities and write sentences about each one using the expressions in brackets.

> P. ej.:

BARCELONA   (es probable que . . .)

> **> En Barcelona es probable que haya tormenta.**

(a)
MADRID   (es probable que . . .)

(b)
ROMA   (es posible que . . .)

(c)
PARÍS   (puede que . . .)

(d)
LONDRES   (quizá . . .)

(e)
FRANCFORT   (probablemente . . .)

(f)
MOSCÚ   (es muy probable que . . .)

2

Mario and Clara have agreed to meet at 9 o'clock for a film. Clara is normally punctual but today she is unusually late and Mario is wondering what has happened to her. Put his thoughts into words, using the infinitives which follow.

> P. ej.:
> **olvidarse**
> **> ¿Se habrá olvidado?**

(a) equivocarse de hora
(b) tener algún contratiempo
(c) perder el tren
(d) tener un accidente
(e) cambiar de opinión
(f) decidir no venir
(g) enfadarse conmigo
(h) irse directamente al cine

3

Use the infinitives in Exercise 2 and the expressions which follow to write alternative sentences expressing probability.

> P. ej.:
> **Puede que ... (olvidarse)**
> **> Puede que se haya olvidado.**

(a) Puede que ...
(b) Es probable que ...
(c) A lo mejor ...
(d) Es posible que ...
(e) Quizá ...
(f) Probablemente ...
(g) Tal vez ...
(h) Seguramente ...

4

Choose the most appropriate response for each of the following statements and questions.

(a) He trabajado todo el día.
Estás/Estarás/Estarías muy cansado.
(b) Hace más de una semana que no la veo.
Debe/Debiera/Debería (de) estar de vacaciones.
(c) Antonio era un niño cuando murió su madre.
Tuvo/Tendría/Tendrá unos siete años.
(d) ¿Dónde estará Carmen?
Había/Habrá/Habría ido a hacer la compra.
(e) ¿Sabes por qué el jefe está tan enfadado?
Debía/Debió/Debe (de) haberse levantado con el pie izquierdo.
(f) ¿Había mucha gente en la fiesta?
Habría/Habrá/Hay unas cincuenta personas.

(g)   ¿Cómo se enteró Felipe de la noticia?
      Se lo decía/dirá/habrá dicho Cecilia.
(h)   ¿Sabes cuánto sale el viaje a Nueva York?
      Costará/costaría/habrá costado unas cincuenta mil pesetas.

49 *Expressing certainty and uncertainty*

1

In a survey conducted in a Spanish-speaking country people were asked to express their opinions with regard to certain key issues. Use the expressions in brackets to complete Joaquín's replies. The first one has been done for you.

(a)   ¿Cree usted que mejorará la situación económica? (No creo que ...)
      No creo que mejore.
(b)   ¿Cree usted que disminuirá el desempleo? (No creo que ...)
(c)   ¿Cree usted que disminuirá la popularidad del gobierno?
      (Estoy seguro de que ...)
(d)   ¿Cree usted que continuarán las huelgas? (Por supuesto que ...)
(e)   ¿Cree usted que mejorarán los sueldos? (No creo que ...)
(f)   ¿Cree usted que se podrá derrotar la inflación? (No estoy seguro de que ...)
(g)   ¿Cree usted que el gobierno convocará elecciones? (Claro que ...)
(h)   ¿Cree usted que las ganarán? (No estoy seguro de que ...)

2

Express certainty or uncertainty with regard to each of the following issues, using expressions from the box.

por supuesto/claro/desde luego (que sí/no)		me parece que sí/no		
creo/supongo que sí/no	no creo	no estoy seguro(a)	puede ser	quizá
tal vez	a lo mejor	no me parece		

(a)   ¿Crees que mejorará la economía de tu país?
(b)   ¿Crees que se reducirá el desempleo?
(c)   ¿Crees que el próximo año será mejor para ti?
(d)   ¿Crees que tendrás éxito en tus estudios?
(e)   ¿Crees que encontrarás un buen trabajo cuando termines tus estudios?
(f)   ¿Crees que utilizarás tu español en tu trabajo?

3

Señora Dolores's house has been broken into and she's reporting the theft of her jewelry to detective Chelo Olmos. Put the infinitives in brackets into the appropriate tense.

–   ¿Sospecha usted de alguien? ¿Está segura de que no (1 ser) un conocido quien lo hizo?
–   No, no creo que (2 ser) algún conocido. Indudablemente (3 ser) un extraño.
–   ¿Por dónde cree usted que (4 entrar) el ladrón a la casa?
–   Creo que por la ventana. No me parece que (5 entrar) por la puerta.
–   Pues, yo estoy convencido de que (6 hacerlo) por la puerta, porque no hay huellas en el jardín. No cabe ninguna duda de que la ladrona (7 tener) la llave y estoy totalmente seguro de que el perro la (8 conocer), porque no ladró.

    –   ¿La ladrona? ¿Le parece que (9 ser) una mujer?

    –   Por supuesto que sí y desde luego que usted lo (10 saber) mejor que yo. Sus joyas estaban aseguradas, ¿no? Y creo que usted (11 estar) en graves dificultades económicas, ¿verdad? Me parece que (12 tener) que buscar un abogado.

4

Read this letter sent by Aurora to her friend Raquel and put the infinitives in brackets in the appropriate tense. More than one alternative is possible in some cases.

> *Querida Raquel:*
> *Hace unos días recibí tu carta y me alegré mucho de saber que has encontrado apartamento. Por lo que me cuentas parece estupendo. Estoy segura de que (1 haber) hecho bien en mudarte del sitio donde estabas. Te agradezco mucho tu invitación, pero no sé si (2 poder) ir la próxima semana porque estoy ocupadísima. Pero desde luego que (3 ir) para Semana Santa, aunque sea sola, ya que José no está seguro de que (4 poder) acompañarme. Tal vez él (5 quedarse) en casa, pero por supuesto que yo te (6 llamar) antes para confirmar el viaje. No creo que (7 haber) ningún problema. Un abrazo.*
> *Aurora.*

50 *Expressing supposition*

1

Make the following suppositions more remote by changing the verbs as in the example.

P. ej.:

Si José no va contigo, ¿irás tú sola?
> Si José no fuera contigo, ¿irías tú sola?

(a)   Si te digo un secreto, ¿de verdad no se lo contarás a nadie?

(b)   Si no quieren aceptar tu oferta, ¿qué harás?

(c)   Si el técnico no te trae el fax hoy, ¿cómo harás para enviar los documentos?

(d)   Si Pepe no está dispuesto a ayudarte, ¿a quién le pedirás ayuda?

(e)   Si no podéis encontrar habitación en ningún hotel, ¿qué haréis?

(f)   Si no hay entradas para el concierto, ¿adónde irás?

(g)   Si no tienen mesas en el Restaurante Don Sancho, ¿dónde cenaréis?

(h)   Si Elena no sabe la dirección, ¿cómo podrás conseguirla?

⇒   51(2)

2

Alvaro and Víctor are planning a holiday together. Alvaro is pessimistic and imagines that things will go wrong. Complete his sentences by putting the infinitives in brackets in the right tense. The first one has been done for you.

(a)   Podemos viajar en avión.
     Supongamos que no (haber) plazas.
     Supongamos que no *haya* plazas.

(b)   ¡Hombre, no seas tan pesimista! Iremos en avión y nos quedaremos en casa de mis primos.
     Pero imagínate que tus primos no (estar) allí.

(c)   En ese caso podríamos quedarnos en un hotel barato.
     Figúrate que no (encontrar) habitaciones.

(d)   Entonces nos iremos a un camping.
     Imagínate que no (haber) un camping cerca de la ciudad.

(e) Por supuesto que encontraremos uno.

Pero pongamos que (hacer) frío o que (llover).

(f) ¡Hombre, estamos en verano!

Pero supongamos que el tiempo (cambiar).

(g) ¡Pero por qué lo ves todo tan negro!

Es que puede pasar. Imagínate que yo (resfriarse).

(h) Pues, en ese caso regresaremos a casa.

¡Figúrate que no (poder) volver!

3

Señor Fernández has never missed a day's work, but today he hasn't come to the office. Everyone at work has something to say about his absence. Rephrase their statements by using the expression **deber (de)**.

P. ej.:

Supongo que está enfermo.

> Debe (de) estar enfermo.

(a) Supongo que ha tenido algún problema con el coche.

(b) Habrá sufrido un accidente.

(c) Estará cuidando a su mujer que no está bien.

(d) Se habrá ofendido por lo que le dije ayer.

(e) Habrá decidido tomarse unos días de descanso.

(f) Supongo que está trabajando en casa.

(g) Me imagino que llegará de un momento al otro.

(h) Habrá tenido algo que hacer.

⇒ 21(2)

---

51 *Expressing conditions*

1

Form conditional sentences by matching the phrases on the left with those on the right.

(a)	Si es como él dice ...	1	... pídemela.
(b)	Si encuentro el teléfono de Marta ...	2	... te juro que la denunciaba.
(c)	Si me lo hubierais ofrecido a mí ...	3	... debe (de) ser verdad.
(d)	Si necesitas ayuda ...	4	... se lo prestaría.
(e)	Si tengo tiempo ...	5	... os lo habría comprado.
(f)	Si tuviera dinero ...	6	... la hubiéramos contratado.
(g)	Si volviera a atacarme ...	7	... la llamaré.
(h)	Si hubiese sabido español ...	8	... paso por el supermercado.

⇒ 18(7), 18(8)

2

A group of people were asked what they would do if they were rich or if they won a lot of money. Use the infinitives below to reconstruct some of their answers.

P. ej.:

Sol: ganar un gran premio en la lotería – tener un coche con chófer

> Si ganara un gran premio en la lotería, tendría un coche con chófer.

(a)   Diego:
      tener mucho dinero – viajar por el mundo
(b)   Ana y Raúl:
      ganar la lotería – no trabajar más
(c)   Adriana:
      ser millonaria – ayudar a los pobres
(d)   Pedro y Sara:
      ser ricos – comprar una gran casa en el campo
(e)   Gabriel:
      tocarme el gordo en la lotería – dar la vuelta al mundo
(f)   Fernando e Isabel:
      recibir una gran cantidad de dinero – ponerse muy contentos

⇒   18(7), 18(8), 50(1)

 ¿Qué harías tú si ganaras una gran cantidad de dinero en la lotería?

4 Everything went wrong for Margarita during her holiday. Listed below are some of the problems she had. What would have happened if she hadn't done what she did?

P. ej.:

Tomó mucho sol y agarró una insolación.
> Si no hubiera tomado tanto sol no habría/hubiera agarrado una insolación.

(a)   No se puso repelente contra insectos y la picaron los mosquitos.
(b)   Comió pescado en mal estado y se intoxicó.
(c)   Dejó su bolso en la playa mientras se bañaba y se lo robaron.
(d)   Perdió todo su dinero y tuvo que pedir dinero prestado.
(e)   Olvidó su traje de baño en el hotel y se bañó desnuda.
(f)   Se bañó desnuda y la policía la detuvo.
(g)   Bebió mucho y se emborrachó.
(h)   Se puso a cantar muy fuerte y la echaron del hotel.

⇒   18(8)

5 Rephrase the following sentences using the conditional expressions in brackets.

P. ej.:

Te prestaré el dinero, pero tienes que devolvérmelo la semana que viene. (siempre que)
> Te prestaré el dinero, siempre que me lo devuelvas la semana que viene.

(a)   Te lo contaré, pero no debes decírselo a Carlos. (siempre y cuando)
(b)   Os llevaré hasta Santander, pero tenéis que ayudarme a pagar la gasolina. (con tal (de) que)
(c)   Te dejaré el libro, pero tienes que traérmelo mañana. (a condición de que)
(d)   Vendré a trabajar el sábado, pero tendrá que pagarme extra. (con la condición de que)
(e)   Les darán un aumento, pero deberán aumentar la productividad. (siempre que)
(f)   Puedes volver cuando quieras, pero debes comunicármelo antes. (siempre y cuando)

(g) Os dejaré mi coche, pero debéis cuidármelo. (con tal (de) que)

(h) Te acompañaré a la fiesta, pero debemos volver a casa a más tardar a las 2.00. (a condición de que)

⇒ 18(6), 27(2)

52 *Expressing contrast*

1 Here is an extract from a letter sent to Elvira by a friend. Fill in the gaps in it with one of the expressions from the box, without repeating any.

sin embargo	pese a	aunque	pero	a pesar de

Querida Elvira:
_____ (1) que hace tanto tiempo que no me escribes, sé, a través de nuestros amigos en común, que estás bien. Me alegro mucho. Me gustaría tener noticias tuyas, así que escríbeme, _____ (2) sea unas líneas.
Yo, _____ (3) la crisis económica, tengo trabajo. No es, _____ (4), el trabajo ideal, _____ (5) el sueldo no está nada mal.

2 Translate the following sentences into English.

(a) No sabe nada de inglés y así y todo la contrataron.

(b) Así me muera de hambre no aceptaré su ayuda.

(c) No fue culpa tuya, pero aun así creo que debes disculparte.

(d) Aun cuando lo supiera, no te lo diría.

(e) Si bien el sueldo no está mal, el trabajo es muy monótono.

(f) Ana habla perfectamente inglés, a pesar de no haber estado nunca en un país de habla inglesa.

(g) Lo compraré aunque cuesta mucho dinero.

(h) Lo compraré aunque cueste mucho dinero.

3 Rephrase sentences (a) to (f) above using **aunque** and making any necessary adaptations.

P. ej.:
Nos conocíamos muy poco y así y todo nos llevamos muy bien durante el viaje.
> Aunque nos conocíamos muy poco nos llevamos muy bien durante el viaje.

4 Complete the following passage with a suitable expression from the box, without repeating any.

si bien	pese a	no obstante	pero	sin embargo	a pesar de

El conflicto de los trabajadores de la salud pública se ha extendido, _____ (1) los esfuerzos del gobierno por llegar a un acuerdo con los dirigentes sindicales.

_____ (2) los trabajadores están dispuestos a ceder en lo que respecta a sus exigencias de reducción de la jornada laboral, no lo están, _____ (3), con relación a sus reivindicaciones salariales. El conflicto continúa, _____ (4) las autoridades han amenazado con el despido masivo de los huelguistas. _____ (5) estas amenazas, ayer se sumaron al conflicto sobre quinientos profesionales de distintos hospitales del país. _____ (6), el gobierno manifiesta que no tiene intención de ceder antes sus presiones.

53 *Expressing capability and incapability*

1

Translate each of the following sentences into Spanish without using **poder**.

(a) I can't understand why he did it.
(b) Can you hear me at the back?
(c) From where I was sitting I couldn't see anything.
(d) She is unconscious. She can't feel anything.
(e) We had to communicate in English as he couldn't speak Spanish.
(f) Can you play the guitar?
(g) I'm afraid I can't swim.
(h) I spoke slowly so that she could follow me.

2

Señora Reyes and señora Salas are each bragging about their children's abilities. Rephrase their sentences using **poder** or **saber** + infinitive, as appropriate.

Señora Reyes:
Mi hijo . . .
(a) Toca la flauta.
(b) Corre cien metros en un minuto.
(c) Conduce.

Señora Salas:
Mi hija . . .
(d) Ayuda a sus hermanos con sus deberes.
(e) Lee y escribe.
(f) Se las arregla sola.

3

During a holiday you meet a Spanish-speaking person. How would you ask him/her the following?

(a) Whether he/she can speak English.
(b) How many languages he/she can speak.
(c) Whether he/she can understand your Spanish.
(d) Whether he/she would be able to help you with your Spanish.
(e) Whether he/she could translate something for you. Say you didn't manage to do it yourself.
(f) Whether he/she is able to understand your handwriting.

54 *Giving and seeking permission to do something*

1

Use appropriate expressions to seek permission in the following situations.

(a) Para fumar: en el vestíbulo de un hotel, junto a una persona mayor a la que acabas de conocer.
(b) Para usar la crema para el sol: en la playa, junto a un amigo.

(c) Para usar el teléfono: en una recepción en casa de tu jefe, junto a su mujer.

(d) Para abrir la ventana: en un tren, junto a otro viajero a quien no conoces.

(e) Para entrar en la habitación o despacho de una persona.

(f) Para hacer uso del lavabo o baño: en una oficina, donde los lavabos o baños son para uso del personal.

(g) Para utilizar el bolígrafo de un amigo.

(h) Para ayudar a alguien con su equipaje: a la salida de un aeropuerto, junto a una persona importante a la que has venido a esperar.

2 When Nuria was visited by her friend Lucía, she got more than she had bargained for. Below are some of the things Lucía wanted to do. How did she seek permission to do them? Use the verbs in brackets to write sentences requesting permission.

P. ej.:

hacer una llamada a la Argentina (¿Te importa … ?)

> ¿Te importa que haga una llamada a la Argentina?

(a) utilizar tu coche (¿Te importa … ?)

(b) ponerme tu collar de perlas (¿No te importa que … ?)

(c) usar tu perfume francés (¿Me dejas … ?)

(d) abrir la caja de bombones que te regaló tu novio (¿Puedo … ?)

(e) beber un poco de tu whisky escocés (¿Puedo … ?)

(f) llevarme tu televisión a mi habitación (¿No te importa … ?)

(g) invitar a unos amigos a cenar aquí (¿Me dejas … ?)

(h) quedarme unos días más (¿Te importa … ?)

3 There is something not quite right about the expressions below for granting and refusing permission. Can you give a more appropriate alternative?

(a) Perdone usted, ¿puedo aparcar aquí? – No puede.

(b) ¿Me dejas ver tu periódico? – Desde luego, encantado.

(c) ¿Le importa que cierre la puerta? – Vale.

(d) ¿Puedo pasar? – Sí, puede pasar.

(e) Señora, permítame usted que le diga algo. – Vale.

(f) Déjame usar tu calculadora un momento. – Sí, puedes.

(g) Si no te importa, hoy me iré a las dos. – No me importa nada.

(h) Perdone usted, ¿se puede fumar aquí? – Se prohíbe.

55 *Asking and giving opinions*

1 A Spanish-speaking friend has spent the weekend with you. You have done a number of things and introduced him/her to a number of people, so you want to know what he/she thought of them. Ask his/her opinion about the following using **parecer**.

P. ej.:

El programa de televisión que vimos anoche.

> ¿Qué te pareció el programa de televisión que vimos anoche?

(a)   mi hermano

(b)   los amigos que te presenté ayer

(c)   el restaurante donde fuimos a cenar

(d)   el museo que visitamos

(e)   el concierto al que fuimos

(f)   las tiendas de la ciudad

(g)   mis compañeros de clase

(h)   el parque donde estuvimos ayer por la mañana

2   You are helping a Spanish friend prepare an opinion poll on environmental issues. Write appropriate questions seeking opinions with the expressions in brackets.

P. ej.:

La construcción de la nueva autopista (opinar)

> ¿Qué opina usted sobre la construcción de la nueva autopista?

(a)   la restricción vehicular para disminuir la contaminación (pensar)

(b)   el plan de saneamiento de las playas (parecer)

(c)   el control de las industrias contaminantes (opinar)

(d)   el traslado de las industrias a un parque industrial
(Quisiéramos conocer su opinión . . .)

(e)   la imposición de multas a las industrias que contaminen el medio ambiente (¿Cuál es su opinión . . .?)

(f)   la actitud del gobierno con respecto a los residuos nucleares (parecer)

(g)   la acción de Greenpeace para la preservación del medio ambiente (opinar)

(h)   la actuación de los grupos que defienden los derechos de los animales (pensar)

3   Below are some of María's opinions about the issues on the opinion poll. Juan's ideas were just the opposite. Can you write them down?

P. ej.:

María: No me parece que sea necesario restringir el número de vehículos.

> Juan: A mí me parece que es necesario restringir el número de vehículos.

(a)   Creo que el plan de saneamiento de las playas es el más adecuado.

(b)   Me parece que hay suficiente control sobre las industrias contaminantes.

(c)   No creo que urja el traslado de las industrias a un parque industrial.

(d)   No creo que sea necesario imponer multas a las industrias contaminantes.

(e)   Con respecto a los residuos nucleares, creo que la actitud del gobierno tiene sentido.

(f)   Me parece que la acción de Greenpeace ha sobrepasado los límites.

(g)   No creo que la actuación de los grupos que defienden los derechos de los animales tenga justificación.

4   Fill in the gaps in this letter of reference written by an employer about one of his employees with appropriate expressions from the box, without repeating any.

en mi opinión	a mi parecer	considerar	a mi juicio	pensar

```
Estimado señor García:
En relación con su carta de 6 de mayo, me es muy grato informarle que
la Srta. Miranda trabajó en nuestra empresa durante cinco años.
_____ (1), la Srta. Miranda es una persona responsable y digna de
confianza. _____ (2), además, que, dada su formación y experiencia,
su presencia en una empresa como la que usted dirige puede resultar
muy valiosa. Su aptitud para trabajar en equipo es también, _____
(3) y en la de sus colegas, uno de sus mayores valores. _____
(4), asimismo, que tiene grandes dotes de mando y capacidad para
enfrentar situaciones imprevistas.
    No dudo en recomendar a la Srta. Miranda para el puesto que
solicita, dado que, _____ (5), cumple con todos los requisitos para
desempeñarlo . . .
```

56 Expressing agreement and disagreement

1

Choose the right expression to agree with the following.

(a) Ana es una persona extraordinaria, ¿no cree usted? – Conforme/Desde luego.

(b) ¿Qué te parece si vamos a tomar una copa? – Estoy de acuerdo/Vale.

(c) No merece la pena molestarse por una cosa tan insignificante. – Tienes razón/Conforme.

(d) Sara habla muy bien español. – De acuerdo/Cierto.

(e) ¿Qué tal si invitamos a Martín? – Eso es/Bueno.

(f) La crisis económica parece haberse superado. – Efectivamente/De acuerdo.

(g) Por favor no le digas a tu madre lo que hemos hablado. Cierto/Vale.

(h) La vida se ha encarecido mucho en los últimos años. – Tiene usted razón/Conforme.

2

Choose an appropriate expression from the box to disagree with the following, without repeating any.

¡cómo que . . .!	no creo	¿tú crees?	no estoy seguro
¡de ninguna manera!	¡qué va!	no es cierto	no estoy de acuerdo

(a) Creo que fue Mercedes la que cometió el error.
    (*Express mild disagreement*)

(b) El español es muy difícil.
    (*Express very strong disagreement*)

(c) Creo que es un negocio poco rentable.
    (*Express slightly strong disagreement*)

(d) Pienso que deberías aceptar el puesto que te ofrecen.
    (*Express mild disagreement*)

(e) Eres un perezoso.
    (*Express very strong disagreement*)

(f) Utilizaré tu coche un momento.
    (*Express very strong disagreement*)

(g) Antonio me parece tan capaz como Pilar.
    (*Express mild disagreement*)

(h)   Francisco ha sido el causante de todos los problemas.
(*Express slightly strong disagreement*)

3

Señora Morales is seeking agreement from señor Castro on a business transaction. Fill in the blanks in the dialogue with one of these expressions.

si le parece bien   me parece   ¿no le parece?   si le parece inconveniente   ¿está usted de acuerdo?

–   ¿_____ (1) con nuestra oferta?
–   Sí, sí, desde luego.
–   Creo que es un precio muy conveniente, ¿ _____ (2)?
–   Por supuesto.
–   _____ (3), podemos reunirnos otra vez mañana.
–   De acuerdo.
–   Yo estoy libre a las cuatro, pero _____ (4) esa hora podríamos reunirnos más tarde.
–   No, no, a las cuatro _____ (5) bien.

57   *Expressing desires and preferences*

1

Mercedes and Teresa from Spain are making plans for the evening but their preferences don't seem to match. Put the infinitives in the dialogue in the appropriate form.

–   ¿ (1 Querer) un café o una cerveza?
–   No gracias, no (2 apetecer). ¿Qué tal si vamos al cine? (3 Tener ganas de) ver la última película de Fernando Trueba. Me han dicho que es estupenda.
–   La verdad es que (4 preferir) que fuéramos a un concierto. Podríamos ir a ver a Ketama.
–   Pues, a mí Ketama no me gusta nada. (5 Preferir) que vayamos al cine.

2

You and a Spanish-speaking friend are deciding what television programme to watch. Use the guidelines in English to complete the conversation which follows.

–   (*Ask your friend if he/she fancies watching television.*)
–   Sí, me gustaría.
–   (*Ask what type of programmes he/she prefers.*)
–   Prefiero los documentales, los deportivos, y por supuesto las películas.
–   (*Say you feel like watching a film.*)
–   Pues mira, a las siete hay una de terror y a las 7.30 una de aventuras. ¿Cuál te gustaría ver?
–   (*Say you would prefer to watch the adventure film.*)

3

Write a note for your Spanish friend saying you feel like going to the beach this weekend, but you don't want to go on your own. You would prefer him/her to accompany you. Say you know he/she wanted to work but he/she can come with you if he/she wants. Say you will phone him/her after dinner tonight.

4

Use the expressions in brackets to express preferences involving others.

> P. ej.:
> **Vendré mañana.** (Prefiero que . . . el sábado.)
> > **Prefiero que vengas el sábado.**

(a) Estaré aquí a las seis. (Prefiero que . . . lo antes posible.)

(b) Vendremos solos. (Preferiría que . . . con Isabel.)

(c) Lo pondré en tu habitación. (Me gustaría que . . . en la sala.)

(d) Os traeremos unas cervezas. (Preferimos que . . . una botella de vino.)

(e) Iré con Carlos. (Me parece mejor que . . . tú solo.)

(f) Se lo diré a todos. (Preferiría que no . . .)

(g) Os lo daremos el lunes. (Preferiríamos que . . . esta tarde.)

(h) Pintaré la habitación de color amarillo. (Me gustaría que . . . de color verde.)

58 *Expressing likes and dislikes*

1

Simón was asked about the things he likes and dislikes doing in his spare time. What were his replies? The first one has been done for you.

> P. ej.:
> **Me gusta escuchar música, pero no me gusta ver televisión.**

¿Qué te gusta hacer?

| (a) Escuchar música | sí | (c) Salir con amigos | sí |
| Ver televisión | no | Beber | no |

(b) Nadar	sí	(d) Ir al cine	sí
Jugar al tenis	sí	Ir a conciertos	sí
Jugar al fútbol	no	Ir al teatro	no

2

Can you now tell someone else what Simón likes?

> P. ej.:
> **A Simón le gusta escuchar música, pero no le gusta ver televisión.**

3

Y a ti, ¿qué te gusta hacer en tu tiempo libre? ¿Qué cosas no te gusta hacer?

4

Cecilia and Ignacio and Cristina were asked to rate the activities below from 0 to 3, with 0 = **no me/nos gusta(n) nada**, 1 = **no me/nos gusta(n)**, 2 = **me/nos gusta(n)**, and 3 = **me/nos encanta(n)**. Write full sentences about their likes and dislikes.

> P. ej.:
> **Cecilia: Me gusta el baile.**
> **Ignacio y Cristina: Nos encanta el baile.**

	Cecilia	Ignacio y Cristina
el baile	2	3
la cocina	0	2
los deportes	3	0
los espectáculos	1	2
las fiestas	2	3
la lectura	0	2
la música	3	1
la televisión	2	0

Can you now tell someone else what Ignacio and Cristina like or dislike.

> P. ej.:
> **A Ignacio y Cecilia les encanta el baile.**

6

Y a ti, ¿qué actividades te gustan?, ¿Cuáles no te gustan (nada)?

> P. ej.:
> **Me gusta/encanta el baile. La televisión no me gusta (nada).**

7

You are planning a weekend with a Spanish-speaking friend who has come to visit you. Find out what he/she likes doing by asking the following questions.

(a) Ask if he/she likes going to museums.
(b) Ask if he/she likes the cinema.
(c) Ask what sort of films he/she likes.
(d) Ask if he/she likes sports.
(e) Ask what sports he/she likes most.
(f) Ask if he/she likes to watch television.
(g) Ask what programmes he/she likes most.
(h) Ask if he/she likes listening to music.

8

Amalia and Hernán talk about the things they like doing during their holidays. Fill in the gaps with the missing words.

AMALIA: ¿Qué _____ (1) gusta hacer en tus vacaciones?

HERNAN: A _____ (2) _____ (3) encanta viajar. ¿Y a ti?

AMALIA: Pues _____ (4) _____ (5) también, sobre todo viajar al extranjero. Pero los viajes organizados _____ (6) me _____ (7) nada.

HERNAN: _____ (8) _____ (9) tampoco. La verdad es que los detesto.

AMALIA: El año pasado fui a México y me _____ (10) mucho.

HERNAN: Y yo estuve en Cancún, pero _____ (11) me _____ (12) nada, aunque las playas son estupendas. Me _____ (13) mucho.

9

Here are some of the things Dolores likes and dislikes about other people. Put the infinitives in brackets in the appropriate tense.

(a) Me encanta que la gente (fijarse) en mí.

(b) No soporto que la gente (hablar) mal de mí.

(c) Me molesta que mi marido (ser) tan desordenado.

(d) Odio que mi jefe me (hacer) trabajar horas extras.

(e) Me gusta que mis amigos (preocuparse) de mí.

(f) No soporto que mis hijos (comportarse) mal.

(g) Me molesta profundamente que la gente (reírse) de mí.

(h) Me encanta que mi marido me (traer) flores.

10 Can you now say what you like and dislike about other people? Complete these sentences in any way you want.

(a) Me gusta que ...

(b) Me encanta que ...

(c) Me molesta que ...

(d) No soporto que ...

(e) Odio que ...

59 Expressing surprise

1 Choose an appropriate expression of surprise from the box as a reaction to the following statements, without repeating any.

¡vaya sorpresa!	¡qué bien!	¡hombre!	¿de veras?	¡Dios mío!
¡no me digas!	¡no puede ser!	¡qué raro!		

(a) Se ha puesto a llover.

(b) Esteban ha sufrido un accidente horrible.

(c) He aprobado mi examen de español.

(d) El vecino ha asesinado a su mujer de un balazo.

(e) Mi abuelo se ha casado con una mujer de veinticinco.

(f) A Carmen Gloria le tocó el gordo en la lotería.

(g) Mi padre no ha querido comerse el pastel. ¡Con lo que le gustan!

(h) A Mario lo han echado del trabajo.

2 What expressions of surprise might you use in the following situations? More than one expression is possible in some cases.

(a) No has tenido noticias de tu amigo/a español(a) desde hace muchos años y un día te llama por teléfono.

(b) Tu amigo te cuenta algo que te cuesta creer.

(c) Durante estos años se ha hecho rico y próximamente dará la vuelta al mundo.

(d) Le preguntas por un amigo común y te responde que ha desaparecido.

3 — Rewrite these sentences using the expressions in brackets, making any necessary adaptations.

> P. ej.:
> **Mari Carmen no vino a la fiesta. (¡Qué raro que . . .!)**
> > **¡Qué raro que Mari Carmen no viniera a la fiesta!**

(a) Lola no me ha llamado en toda la semana. (¡Me extraña que . . .!)
(b) Su carta llegó con mucho retraso. (¡Qué extraño . . .!)
(c) ¡Todavía estás trabajando! (¡Me asombra que . . .!)
(d) ¡Es muy inmaduro! (¡Me sorprende que . . .!)
(e) ¡Eres muy irresponsable! (¡Parece mentira que . . .!)
(f) No sabe comportarse (¡Es increíble que . . .!)
(g) Aún no han terminado (¡No puede ser que . . .!)
(h) No le dieron mi recado (¡Me extraña que . . .!)

60 *Expressing satisfaction and dissatisfaction*

1 — Match each of these situations with an appropriate expression of satisfaction or dissatisfaction from the list that follows.

(a) Has encontrado la habitación o apartamento ideal.
(b) Una gran amiga te llama por teléfono para anunciarte su visita.
(c) Estás indeciso/a sobre si comprar o no unos zapatos que estás probándote.
(d) Un amigo te enseña su moto recién comprada.
(e) Después de muchas explicaciones, el dependiente de una tienda logra entender lo que quieres.
(f) Estás en España y unos amigos te invitan a hacer un crucero por el Mediterráneo.
(g) Estás de vacaciones en un pequeño hotel y un conocido te pregunta sobre la calidad del servicio.
(h) Estás tratando de comprar un electrodoméstico y te ofrecen uno que no cumple con las especificaciones necesarias.

1	¡Es estupenda!	5	No me convencen.
2	De acuerdo. ¡Fantástico!	6	No está mal.
3	No es lo que quiero.	7	¡Eso es!
4	Es justamente lo que buscaba.	8	¡Qué bien! Me alegro mucho.

2 — A Latin American friend has sent you a present on your birthday. Write a postcard thanking him/her for the present, saying it's great, that you like it very much and that it is just what you needed.

3 — You have been asked by someone to help a Spanish-speaking person who is trying to buy something. How would you ask him/her the following?

(a) Is this what you want?
(b) Is this what you were looking for?
(c) What do you think of it?

(d)   Do you like it?

(e)   Are you satisfied?

61   *Expressing approval and disapproval*

1

Miguel likes to get his own way. Tell him he shouldn't do or shouldn't have done what he says.

P. ej.:

Estoy harto de este trabajo. Lo dejaré.

> No deberías dejarlo.

Lo hice.

> No deberías haberlo hecho.

(a)   Se lo dije. No tenía otra alternativa.

(b)   No soporto a mis vecinos. Me mudaré de casa.

(c)   Me pondré el nuevo traje de Manuel.

(d)   Me peleé con mi novia. ¿Qué te parece?

(e)   Gasté todo el dinero en billetes de la lotería.

(f)   Ayer falté a la clase de español.

(g)   Le diré a Antonio lo que has dicho de él.

(h)   Haré lo que te he dicho, aunque no estés de acuerdo.

⇒   46(6)

2

Señora Linares is expressing disapproval of her son's behaviour. Can you speak for her? The first sentence has been done for you.

(a)   Comí demasiado y me siento mal. *No deberías haber comido tanto.*

(b)   Bebí demasiado y me emborraché.

(c)   Me gasté todo el dinero y tuve que volver a casa andando.

(d)   Volví tarde por la noche y no desperté a tiempo.

(e)   Me levanté a las 10.00 y llegué tarde al trabajo.

(f)   No le pedí disculpas a mi jefe y se enfadó.

(g)   Le contesté mal y me echó del trabajo.

(h)   Le dije lo que pensaba de él y se puso furioso.

⇒   46(6)

3

Respond to each of the following using a different expression of approval each time. The first one has been done for you.

(a)   Invitaré a Martín para que lo conozcas. *¡Muy bien!*

(b)   ¿Qué te parece mi nuevo peinado?

(c)   Y mi traje, ¿qué tal?

(d)   ¿Te parece bien la comida?

(e)   He sacado entradas para el teatro. ¿Te parece bien?

(f)   Estaré aquí a las seis en punto.

62 *Expressing hope*

1

Nothing is certain for Francisca and David at the company where they both work, and they can only hope that things will turn out right. Each responds to the other's fears with an expression of hope. Look at the example and write similar sentences.

P. ej.:

¿Crees que cerrarán la fábrica?

> Espero que no la cierren.

(a) ¿Crees que venderán la empresa?

(b) ¿Crees que reducirán el personal?

(c) ¿Crees que nos despedirán?

(d) ¿Crees que nos obligarán a trabajar más?

(e) ¿Crees que perderemos todos nuestros beneficios?

(f) ¿Crees que me rebajarán el sueldo?

(g) ¿Crees que te quitarán el coche de la empresa?

(h) ¿Crees que desoirán nuestras peticiones?

2

Consider each of the situations below and write sentences expressing hope using the words in brackets and an appropriate verb from the box. Do not repeat any.

encontrar	dormir bien	tener éxito	mejorarse	escribir tener suerte
ser muy feliz	pasarlo bien			

P. ej.:

Un amigo se va de viaje. (Espero que ...)

> Espero que te vaya bien.

(a) Un amigo está enfermo. (Espero que ...)

(b) Una amiga acaba de comprar un billete de la lotería. (Ojalá que ...)

(c) Unos amigos van a una fiesta. (Espero que ...)

(d) Tu profesor de español ha perdido sus llaves. (Ojalá que ...)

(e) Un conocido tuyo ha decidido montar un negocio. (Ojalá que ...)

(f) Tus dos mejores amigos han decidido casarse. (Espero que ...)

(g) Un amigo de habla española que está de visita en tu casa está cansadísimo y se va a acostar. (Espero que ...)

(h) Tu amigo vuelve a su país y a su regreso te gustaría tener noticias suyas. (Espero que ...)

3

Read this extract from a letter and put the infinitives in brackets, where appropriate, in the correct tense.

Querida Marta y Julio:

Gracias por la postal de Santo Domingo. ¡Qué envidia! Supongo que ya habréis vuelto a casa. Espero que (1 disfrutar) mucho de las vacaciones y que (2 descansar) lo suficiente. Es una pena que no hayáis podido venir a pasar unos días conmigo, pero espero que (3 venir) para Semana Santa. Me encantaría que lo hicierais. ¿Qué os parece? Martín me ha prometido visita para esa fecha. Ojalá (4 cumplir) su palabra. Así podremos estar todos juntos otra vez.

Yo aún no he salido de vacaciones, pero espero (5 tomarse) unos días de descanso para ir a París. Ojalá que mi jefe no (6 oponerse) . . .

4

Here's how Raúl, Cristina's blind date, turned out to be. How would Cristina tell a friend what she was hoping before she met him? The first sentence has been done for you.

(a) No era muy alto.
 Yo esperaba que fuera más alto.
(b) No era muy delgado.
(c) No se expresaba muy bien.
(d) No estaba muy interesado en mí.
(e) No puso mucho interés en lo que yo le decía.
(f) Sabía muy poco de música.
(g) Tenía muy poco que decir.
(h) Me dijo muy poco sobre él.

63 *Expressing sympathy*

1

Everything went wrong for Ricardo today. Express sympathy with him using the expressions in brackets and the appropriate tense.

P. ej.:

Perdí el tren. (¡Qué lástima que . . .!)
> ¡Qué lástima que hayas perdido el tren!

(a) Otra vez llegué tarde a la oficina. (¡Es una lástima que . . .!)
(b) Mi jefe se puso furioso conmigo. (¡Qué lástima que . . .!)
(c) Me echaron del trabajo. (Siento muchísimo que . . .)
(d) Ahora estoy otra vez desempleado. (¡Qué pena que . . .!)
(e) De regreso a casa me robaron el dinero. (Siento mucho que . . .)
(f) Al bajarme del tren me torcí un tobillo. (¡Qué pena que . . .!)
(g) No puedo andar. (¡Lástima que . . .!)
(h) No podré salir a buscar trabajo. (¡Es una pena que . . .!)

2

Last month was a lucky month for your friend Gabriela. How would you tell her you are glad about each of the following?

P. ej.:

Aprobé todos mis exámenes.
> Me alegro de que hayas aprobado todos tus exámenes.

(a) Me ofrecieron un buen trabajo.
(b) Encontré un lugar donde vivir.
(c) Alberto me propuso matrimonio.
(d) Gané cincuenta mil pesetas en la lotería.
(e) Me compré coche.
(f) Logré aprobar el examen de conducir.
(g) Alberto y yo salimos de vacaciones.
(h) Lo pasamos bien.

3 What expressions of sympathy might you use in the following situations? Use expressions from the box without repeating any.

¡Me alegro!	¡Cuánto lo siento!	Mi más sentido pésame	¡Lástima!
¡Lo siento tanto!	¡No sabes cuánto me alegro!		

(a) La madre de un conocido ha muerto.
(b) Tu mejor amiga ha dado a luz a un hermoso niño.
(c) A una amiga tuya le entraron a robar.
(d) Un compañero de habitación ha aprobado un examen.
(e) Tu amigo no pudo encontrar entradas para la obra de teatro que quería ver.
(f) Tu vecina te cuenta que han atropellado a su perro.

64 *Apologizing and expressing forgiveness*

1 Choose an appropriate expression of apology or granting forgiveness as a response to each of the following.

No importa, no te preocupes	Está bien, no se preocupe	Perdónanos
Perdona Perdone Lo siento mucho		

(a) Señor, ¿podría apagar el cigarrillo, por favor? Aquí no se puede fumar.
(b) ¡Oiga, me ha manchado usted los pantalones!
(c) Disculpa, pero me he olvidado de traerte el dinero que me prestaste.
(d) Has dejado la puerta abierta y las luces encendidas.
(e) Señora, lamentablemente hoy no puedo atenderla.
(f) ¿Por qué no vinisteis ayer? Os esperé toda la tarde.

2 Give an appropriate apology for the following situations using the expressions in brackets. The first one has been done for you.

(a) Tu profesora de español está hablando y necesitas interrumpirla. (Perdone que . . .)
Perdone que la interrumpa.
(b) No fuiste a la fiesta de tu mejor amigo. (Sentí mucho . . .)
(c) En el avión, tendrás que molestar a tu vecino de asiento para poder pasar. (Disculpe que . . .)
(d) Un amigo desea que lo acompañes a una conferencia pero no puedes. (Siento mucho . . .)
(e) Te encuentras con una amiga a la que no ves desde hace mucho tiempo y te disculpas por no haberla llamado. (Perdona que . . .)
(f) No pudiste asistir a la última clase de español y pides disculpas a tu profesor. (Sentí mucho . . .)
(g) Tuviste que pedirle el teléfono a tu vecino porque el tuyo se descompuso. Discúlpate por haberlo molestado. (Perdone usted que . . .)
(h) Pides disculpas a tu compañero de habitación por haberte llevado su paraguas. (Disculpa que . . .)

3

Give suitable apologies and explanations for the following, using **perdonar** or **disculpar**.

P. ej.:
No le escribiste a tu amigo porque perdiste su dirección.
> Perdona/disculpa que no te haya escrito, pero perdí tu dirección.

(a) Llegaste tarde a la oficina porque perdiste el tren. Pide disculpas a tu jefe.
(b) No le trajiste su diccionario a un compañero de clase porque te olvidaste.
(c) No saludaste a un superior porque no lo habías visto.
(d) No podrás asistir a una reunión con tu jefe porque no te sientes bien.
(e) No irás a la fiesta de fin de año porque tienes un compromiso anterior. Pide disculpas a un colega.
(f) No podrás llevar a un amigo a la estación porque tu coche está en el garaje.
(g) No le avisaste a tu jefe que faltarías al trabajo porque tu teléfono no funciona.
(h) No pudiste llegar a tiempo a una conferencia porque el vuelo en que venías se retrasó. Pide disculpas al organizador.

65 *Expressing fear and worry and enquiring about fear or worry*

1

Match the expressions of fear and worry on the left with the most suitable phrases on the right.

(a)	¿No temes que . . .	1	. . . mí.
(b)	Tengo miedo de . . .	2	. . . se supiera la verdad.
(c)	¿No le tienes miedo a . . .	3	. . . nada?
(d)	No se preocupe por . . .	4	. . . su largo silencio.
(e)	No tengas miedo . . .	5	. . . le haya pasado algo?
(f)	¿De verdad tienes miedo de . . .	6	. . . hablar español?
(g)	Tenían miedo de . . .	7	. . . cometer un error
(h)	Estoy muy preocupado por . . .	8	. . . que no te dejaré solo.

2

Cristóbal is concerned about his own performance at the office and is recriminating himself. He's also afraid of the consequences his behaviour might have on others. How does he express his worries and fears? Use the expressions in brackets to rephrase each of the following sentences. Two of them have been done for you.

(a) He sido poco responsable. (temer)
Temo haber sido poco responsable.
(b) Mi jefe podría darse cuenta. (tengo miedo)
Tengo miedo de que mi jefe se dé cuenta.
(c) He cometido muchos errores. (temer)
(d) No he demostrado suficiente interés en mi trabajo. (temer)
(e) No he mantenido buenas relaciones con mis colegas. (temer)
(f) Mi jefe podría molestarse. (tener miedo)
(g) Podrían echarme del trabajo. (tener miedo)
(h) Yo podría perder mi puesto. (tener miedo)

3 — Complete the following sentences in a suitable way

(a) ¿Le tienes miedo a . . .?
(b) Tengo miedo de . . .
(c) ¿No tienes miedo de que . . .?
(d) Temíamos . . .
(e) Temían que . . .
(f) Me da mucho miedo . . .
(g) Le cogí/agarré (L. Am.) miedo a . . .
(h) Está muy preocupada por . . .

66 Expressing gratitude and responding to an expression of gratitude

1 — Rewrite the following sentences using the formal expression **Le agradezco mucho que . . .**

P. ej.:

Gracias por esperarme/nos.
> Le agradezco/agradecemos mucho que me/nos haya esperado.

(a) Gracias por llamarme.   (e) Gracias por decírmelo.
(b) Gracias por ayudarme.   (f) Gracias por hacer lo que le pedí.
(c) Gracias por escucharnos.   (g) Gracias por escribirme.
(d) Gracias por traérnoslo.   (h) Gracias por devolvernos el dinero.

2 — Rephrase the sentences you wrote in Exercise 1 using the alternative formal expression **Le agradezco (mucho) el haber . . .**

P. ej.:

Le agradezco/agradecemos mucho que me/nos haya esperado.
> Le agradezco/agradecemos mucho el haberme/nos esperado.

3 — An acquaintance sent you a CD that you wanted to have. Write a brief note thanking him/her for the disk and saying that you are very grateful that he/she remembered to send it to you. Say he/she's very kind. Use the familiar form.

67 Giving advice and making suggestions

1 — Your friend Soledad is very indecisive. Respond to her requests for advice using the expressions in brackets. The first two have been done for you.

(a) ¿Qué hago? ¿Se lo digo? (Yo que tú . . .)
     Yo que tú se lo diría.
(b) ¿Qué harías tú en mi lugar? ¿Lo llamo? (¿Por qué no . . .?)
     ¿Por qué no lo llamas?
(c) ¿Voy o no voy? ¿Qué me aconsejas? (Yo que tú . . .)
(d) ¿Qué puedo hacer? ¿Acepto su invitación? (¿Por qué no . . .?)

(e) ¿Me quedo unos días más? ¿Qué me sugieres? (Yo que tú . . .)

(f) ¿Salgo o no salgo con él? ¿Qué harías tú en mi lugar? (Yo que tú . . .)

(g) No sé si comprarlo. Me encanta. (¿Por qué no . . .?)

(h) ¿Lo hago? ¿Qué me aconsejas? (Yo que tú . . .)

2 Your Spanish-speaking friend will be travelling and camping in the open countryside, so you want to give him some advice before he sets off. Complete the sentences below with the appropriate form of one of the following verbs.

ponerse	hervir	sacar	avisar	llevar	comer	cortar
vacunarse						

(a) Podrías _____ una buena guía de la zona.

(b) Por qué no _____ un seguro de viaje.

(c) Sería conveniente que te _____ contra la malaria.

(d) Te sugiero que por las noches _____ un repelente de mosquitos.

(e) Sería mejor que no _____ alimentos crudos.

(f) Te aconsejo que _____ el agua antes de beberla.

(g) No te olvides de _____ la luz y el gas.

(h) Yo que tú le _____ al lechero que no trajera más leche.

3 Alicia's partner has become rather untidy lately, so she has decided to give him some advice. Match the problems on the left with the suggestions on the right.

(a) Tu traje está roto.	1	Te sugiero que te los laves.
(b) Tienes el pelo demasiado largo.	2	¿Por qué no la cuelgas?
(c) Tus zapatos están sucios.	3	Podrías coserlo.
(d) Tus pies huelen mal.	4	Te sugiero que te las cortes.
(e) Ese abrigo está pasado de moda.	5	Te aconsejo que te lo cortes.
(f) Tus uñas están demasiado largas.	6	Deberías fregarlos.
(g) Tu ropa está tirada sobre la cama.	7	Yo en tu lugar me compraría otro.
(h) La cocina está llena de platos sucios.	8	¿Por qué no los limpias?

4 What advice would you give the following people? Use **sugerir**, **aconsejar** or the imperative form, as suggested in the brackets, to write suitable sentences with suggestions or advice.

P. ej.:

Juan fuma como una chimenea. (sugerir)

> **Te sugiero que no fumes tanto.**

Delia trabaja demasiado. (*imperative*)

> **No trabajes tanto.**

(a) Pablo bebe más de la cuenta. (aconsejar)

(b) Cristina es muy impuntual. (sugerir)

(c) Cristóbal conduce demasiado rápido. (*imperative*)

(d) Agustín y María gastan demasiado dinero. (aconsejar)

(e) Ricardo es muy pesimista. (*imperative*)

(f) Carmela siempre deja las luces encendidas. (*imperative*)

(g) Paca y Beatriz son unas *cotorras*. No paran de hablar. (sugerir)

(h) Gloria no hace sus deberes. (*imperative*)

68 Making requests

Elena doesn't like her boss's tone when he asks her to do things. Can you make his requests more polite?

P. e.j.:

Tráigame la carta del señor Riveros.

> Por favor, ¿me trae la carta del señor Riveros?

(a) Páseme esos documentos.

(b) Búsqueme la dirección de Electrometal.

(c) Dígale al señor Martínez que venga a mi despacho.

(d) Póngame con la extensión 567.

(e) Deme esa carpeta que está encima.

(f) Téngame el informe listo para esta tarde.

(g) Hágame una fotocopia de esta solicitud.

(h) Tráigame una taza de café.

⇒ | 17(5)

2

Make the requests in Exercise 1 even more polite with **¿podría . . .?**.

P. ej.:

Tráigame la carta del señor Riveros.

> Por favor, ¿podría traerme la carta del señor Riveros?

3

You are in a restaurant with a group of friends. Tell the waiter what you want using the verbs in brackets in the imperative form.

P. ej.:

La carta (traer)

> Tráiganos la carta, por favor.

(a) Una mesa junto a la ventana. (dar)

(b) El menú del día. (traer)

(c) Otra botella de vino tinto. (poner)

(d) El postre. (servir)

(e) Tres cafés. (poner)

(f) El azúcar. (pasar)

4

You are travelling on a train in a Spanish-speaking country. Make requests to your fellow passengers using the very polite form **¿Le importaría ...?**.

> P. ej.:
> **Pídele a alguien que cierre la ventana.**
> **¿Le importaría cerrar la ventana, por favor?**

(a) Pídele a alguien que abra la ventana.
(b) Pídele a alguien que te cuide el equipaje.
(c) Pídele a alguien que te pase tu chaqueta.
(d) Pídele a la persona que está sentada a tu lado que apague el cigarrillo.
(e) Pídele a la persona que está fumando que se cambie de asiento.
(f) Pídele a alguien que te baje la maleta.

5

You are the only person who knows Spanish at your place of work and you are often asked to write formal letters to people in Spanish on behalf of your colleagues. Practice writing formal requests, using the verbs in brackets.

> P. ej.:
> **Enviarnos una lista de precios. (rogar)**
> **> Le ruego que nos envíe una lista de precios.**
>
> **Mandarme más información. (agradecer)**
> **> Le agradecería que me mandara más información.**

(a) Respondernos a la brevedad posible. (agradecer)
(b) Despachar nuestro pedido lo antes posible. (rogar)
(c) Mandarme un folleto informativo sobre sus servicios. (agradecer)
(d) Enviarme información sobre los cursos de español para extranjeros. (rogar)
(e) Indicarme la fecha de iniciación de los nuevos cursos. (agradecer)
(f) Reservar una habitación individual para tres noches a nombre de John Denver. (agradecer)
(g) Cancelar la reserva de habitación hecha a nombre de Pat Moore para el día 3 de abril. (rogar)
(h) Cambiar la fecha de la reserva que hice a nombre de Paul Brown para el día 10 de agosto en lugar del día 6. (agradecer)

⇒ 29(8), 29(9)

69 *Giving directions and instructions*

1

Antonia was visiting Madrid for the first time. Outside the Prado Museum Antonia asked how to get to Plaza Santa Ana. Rephrase the following directions given to her using the present tense form.

Cruce usted el Paseo del Prado y suba por la calle Lope de Vega que está aquí enfrente. Siga usted todo recto por la calle Lope de Vega hasta el final. Allí doble a la derecha. Esa es la calle de León. Siga usted hasta el final de esa calle y allí tuerza a la izquierda. La Plaza Santa Ana está un poco más arriba a la mano derecha.

⇒ | 17(5)

2 You are in Madrid, in Plaza Santa Ana, when a Spanish person asks you how to get to the Museo del Prado. Study the map and give him/her directions using the present tense form.

3 A Spanish-speaking person visiting your town asks you for directions to the local museum. Answer his/her questions following the guidelines in English. Use the polite imperative form.

TURISTA: Por favor, ¿podría decirme dónde está el museo?
TÚ: (*Tell him/her to go straight on as far as the traffic lights and then turn left at Church Road. He/she must continue along Church Road as far as Elm Street, which is the third on the right and then walk up Elm Street, until he/she reaches a square. The museum is on the other side of the square.*)

⇒ | 17(5)

4 A Spanish-speaking friend will be visiting you at home for the first time. Give your friend detailed directions on how to get to your place from the airport, railway station or bus stop. Use the familiar form of the present tense.

5 A Spanish friend has sent you a recipe for a gazpacho andaluz, a delicious soup which is served cold. Complete your friend's recipe by changing the infinitives in brackets into the familiar imperative form.

P. ej.:
Primero *mezclar* el vinagre ...
> Primero *mezcla* el vinagre ...

Ingredientes

4	rodajas de pan	3	tomates grandes
4	cucharadas de vinagre	1	pimiento verde
2	cucharadas de agua	½	pepino
1	diente de ajo	⅓	taza de aceite de oliva

Primero (1 mezclar) el vinagre y el agua y (2 echarlo) sobre el pan. Luego (3 poner) el ajo, los tomates, el pimiento y el pepino cortados en una batidora. (4 Agregar) el aceite y el pan y (5 mezclar) todo en la batidora hasta hacer un puré. Después (6 vaciar) todo en una cacerola, (7 añadirle) agua y (8 colocarlo) en la nevera hasta que se enfríe.

6

A Spanish-speaking friend has come for dinner and you have cooked your favourite dish. Tell him/her how to prepare it using either the imperative or the present tense form of the verb.

> P. ej.:
> **Primero prepara/preparas una salsa ...**

7

A Spanish friend will be looking after your place while you are away. Here are the things you would like him/her to do for you during your absence. Give instructions to your friend using the familiar imperative form.

> P. ej.:
> **Regar las plantas.**
> > **Riega las plantas.**

(a) *Recoger* mi correspondencia.
(b) *Pagar* las cuentas del gas y de la luz.
(c) Si llama alguien *decirle* que regreso el día 20.
(d) *Dar* de comer al canario y *limpiar* la jaula de vez en cuando.
(e) *Dejar* una luz encendida si sales por la noche.
(f) *No poner* la radio demasiado fuerte porque la vecina se molesta.
(g) Si llama gente de la oficina *no decirles* dónde estoy.
(h) *Llamarme* al 564 8902 en caso de cualquier emergencia, pero *no darle* este número de teléfono a nadie.

⇒   16(4)

8

How would you give the instructions above to someone formally?

70 *Making an offer or invitation and accepting or declining*

1

Julia is spending a weekend in Spain. Read these suggestions made to her by her friend Roberto while having dinner, and then by the hotel receptionist before her departure. Rephrase them following the example.

> P. ej.:
> **¿Te sirvo un poco de vino?**
> > **¿Quieres que te sirva un poco de vino?**

Roberto:

(a) ¿Te sirvo otro poco de tortilla?

(b) ¿Te pongo otro poco de postre?

(c) ¿Te traigo un café?

(d) ¿Te llevo al hotel en el coche?

Recepcionista:

(e) ¿La despierto mañana?

(f) ¿Le llevo su maleta?

(g) ¿Le doy su cuenta?

(h) ¿Le llamo un taxi?

2 — Here are some informal and formal invitations. Rephrase them using the alternative construction with **querer**.

> P. ej.:
>
> **Ven a cenar conmigo esta noche.**
>
> **> ¿Quieres venir a cenar conmigo esta noche?**

(a) A mi mujer le encantaría conocerla. Venga a comer con nosotros este domingo.

(b) ¿Por qué no pasas por mi despacho a tomar un café?

(c) Vamos a tomar unas cervezas al bar de Paco. ¿Qué te parece?

(d) ¿Por qué no se queda aquí esta noche?

(e) ¿Te vienes a la piscina?

(f) Acompáñenos un momento. Todavía es temprano para irse a casa.

(g) Vente a pasar unos días con nosotros.

(h) Nos gustaría mucho que te quedaras en nuestra casa unos días.

3 — Make formal and informal invitations to match the situations listed below. Use expressions from the following or the imperative form, as appropriate: **Me/nos gustaría . . .**, **Quisiera/quisiéramos . . .**, **¿Quiere(s) . . .?**, **¿Por qué no . . .?**

(a) Tú y un/a colega estáis visitando una empresa en Latinoamérica. Invita al gerente a cenar con vosotros.

(b) Invita a tu amigo/a de habla española al bar de la esquina.

(c) Invita a tu amigo/a a dar un paseo por el parque.

(d) Invita a la madre de tu amigo/a a ir con vosotros.

(e) Tú y tu pareja habéis hecho amistad con dos latinoamericanos durante unas vacaciones. Invítalos a tomar una copa con vosotros.

(f) Una de tus nuevas colegas es una chica de habla española. Invítala a comer contigo en la cafetería.

4 — Read this note of invitation from Ana to her friend Gabriel.

> *Gabriel:*
> *He pasado por tu oficina esta tarde pero no estabas. Mañana es el cumpleaños de Antonio y vamos a celebrarlo en el Café de los Artistas a las 10.00 de la noche. Me gustaría que vinieras.*
> *Ana*

Write an invitation like the one above inviting your friend Alba to your graduation. Say you are going to have a party at your parents' house and that you would very much like her to be with you on this occasion. Tell her she can come with her friend Ramón and ask her to call you tonight.

5

Gabriel sent Ana the following note.

> *Ana:*
> *Gracias por tu invitación. Me gustaría mucho ir al cumpleaños de Antonio, pero tengo otro compromiso. Lo siento mucho. Te llamaré. Gabriel*

Your friend Alfonso has invited you to spend the weekend with him at his family's house. Thank him for the invitation and tell him you would love to spend the weekend with him, but unfortunately you can't because you have invited some friends for dinner on Saturday night. Ask him if he would like to come.

6

Accept and decline invitations following the guidelines below.

(a) ¿Puedes comer conmigo esta tarde?
   (*Say you would love to.*)
(b) ¿Vamos a tomar algo?
   (*Say you are sorry, but you can't. You've got to go home.*)
(c) ¿Le gustaría ir al concierto del Teatro Real este viernes? Tengo dos entradas.
   (*Say 'with pleasure, that's very kind of you'.*)
(d) ¿Por qué no vienes con nosotros en el coche?
   (*Say no thank you, you prefer to walk.*)

71 Talking about the present

1

While on holiday with her family, Marisol sent a postcard to Pablo. Fill in the blanks with the missing verbs.

> *Querido Pablo:*
> *¡Un saludo muy cariñoso para ti desde La Habana! Mientras te _____ (1) esta postal _____ (2) bronceándome al sol. _____ (3) un tiempo maravilloso, mucho sol y bastante calor. Víctor _____ (4) tomando una cerveza en el bar con unos amigos y los chicos _____ (5) disfrutando de la piscina. _____ (6) aquí desde hace una semana y _____ (7) muy contentos de haber venido. El hotel _____ (8) estupendo y la comida no _____ (9) nada mal. Y tú, ¿todavía _____ (10) trabajando? Ya es tiempo de que te tomes un descanso. Un abrazo. Marisol*

2

At the airport in a Latin American country, journalists have gathered to receive a visiting president. Vicente, a journalist, is one of those reporting today's events. Complete each of Vicente's sentences with the construction **estar** + gerund, using an appropriate verb from the box.

tocar	dirigir	bajar	subir	intercambiar	aterrizar	responder
saludar						

¿Qué está pasando?

(a) En estos precisos momentos, el avión _____.

(b) Ahora el presidente _____ del avión.

(c) _____ a las autoridades.

(d) La banda _____ el himno nacional.

(e) El visitante y las autoridades _____ algunas palabras.

(f) Nuestro presidente _____ algunas palabras de bienvenida al visitante.

(g) Ahora es el turno del presidente visitante, quien _____ al saludo.

(h) En estos momentos, los dos mandatarios _____ al vehículo que los llevará hasta la ciudad.

⇒ 20(1)

Complete this passage about the daily routine of Carlos Rodríguez, a professional swimmer, with the present tense forms of the verbs in brackets.

Carlos Rodríguez (1 levantarse) todos los días a las 7 a.m. y (2 ducharse). Después (3 meterse) en la piscina, donde (4 entrenar) hasta las 8.00. A las 8.15 (5 volver) a casa y, antes de desayunar (6 darse) otra ducha. Luego (7 irse) a clase a la universidad y a las 14.00 (8 regresar) a almorzar. Después (9 ponerse) de nuevo el traje de baño y (10 nadar) durante un par de horas. A las 17.00 (11 dejar) la piscina y (12 ponerse) a estudiar. A las 21.00 (13 cenar), luego (14 soler) ver la televisión y a las 23.00 (15 acostarse).

⇒ 17(1)

How would Carlos tell someone about his daily routine?

⇒ 17(2)

You are writing to a Spanish-speaking correspondent for the first time. Describe your daily routine and what you normally do at the weekends.

You are interviewing people with a view to sharing your flat. One of them is a Spanish-speaking person. Learn a little about his/her habits by asking the following questions.

(a) Ask what time he/she usually gets up. (use **soler**)

(b) Ask what time he/she leaves the house.

(c) Ask what time he/she normally comes back home.

(d) Ask whether he/she smokes.

(e) Ask what sort of music he/she usually listens to. (use **soler**)

(f) Ask whether he/she eats out or cooks his/her own meals.

(g) Ask what he/she normally does at the weekends. (use **soler**)

(h) Ask whether he/she objects to pets. You have a dog and a cat.

Alejandro is a very active man. How would you ask him how long he has been doing each of the following? And how would he reply? The first question and answer have been done for you.

Functions

P. ej.:

¿Cuánto tiempo llevas viviendo/hace que vives en Sitges?
> Llevo (seis) años viviendo/hace (seis) años que vivo en Sitges.

Actividad	*Año en que empezó*
(a) vivir en Sitges	1991
(b) trabajar en Barcelona	1991
(c) estudiar inglés	1992
(d) jugar al tenis)	1993
(e) practicar montañismo	1994
(f) tocar la guitarra en una orquesta	1995
(g) dirigir un grupo de música *rock*	1996

⇒ 20(3)

8 Say how long you have been doing each of the following. Use **hace** or **llevar**.

(a) ¿Cuánto tiempo llevas en el colegio/la universidad donde estudias?

(b) ¿Cuánto tiempo hace que estudias español?

(c) ¿Dónde vives?, ¿Cuánto tiempo llevas viviendo allí?

(d) ¿Sabes conducir?, ¿Cuánto tiempo hace que conduces?

(e) ¿Trabajas?, ¿Dónde?, ¿Cuánto tiempo llevas trabajando allí?

(f) ¿Tienes novio/novia?, ¿Cuánto tiempo llevas con él/ella?

72 *Talking about the future*

1 Bernardo and María Luisa have been planning a holiday. Look first at their original plans and then at their present plans and say what they were thinking of doing and what they are now planning to do. Use verbs from the box. The first has been done for you.

P. ej.:

Bernardo y María Luisa pensaban ir a Gran Canaria, pero ahora piensan ir a Ibiza.

salir	viajar	quedarse	regresar

	Plan 1	Plan 2
Destino:	Gran Canaria	Ibiza
Salida:	15 de julio	1 de agosto
Transporte:	avión	barco
Alojamiento:	hotel de 3 estrellas	hotel de 4 estrellas
Regreso:	1 de agosto	15 de agosto

2 You are asking a friend about his/her holiday plans. The following are his/her answers. What were your questions?

(a) Este verano pienso ir a México.
(b) Voy a ir con un par de amigos.
(c) Pensamos quedarnos unas dos semanas.
(d) No, no vamos a ir a Cancún.
(e) Salimos el lunes que viene.
(f) Por supuesto que te enviaré una postal. Te lo prometo.

3 There is a long weekend ahead and your friends Carlos and Beatriz and Alberto are making plans.

Carlos	Beatriz y Alberto
viajar a París	ir a la sierra

(a) How would you ask Carlos what he's going to do, and how would you ask Beatriz and Alberto the same question?
(b) How would Carlos reply? And Beatriz and Alberto?
(c) How would you tell someone else about their plans?
(d) Tell your friends what *you* are going to do.

4 Read this note left by Lourdes for her colleague Rosa. Then follow the guidelines and write similar notes.

> *Rosa: La fiesta de despedida de Víctor será en casa de Andrés. Voy a ir en el coche. Pasaré por ti a las ocho. Lourdes*

(a) You are staying with a Spanish friend in Madrid. Write a note saying that you'll be back late tonight. You're going to see a friend who is in Madrid and then you are going to the cinema together. Say you don't know what you'll do after the cinema, but you'll call him/her.
(b) You've been sent on business to Buenos Aires. Send a fax to your contact there saying when you will leave your town, when you'll arrive in Buenos Aires and at which hotel you'll stay. Say you'll be there for two days only and you will call him/her when you arrive.

5 Marcela is trying to persuade Víctor, her flatmate, to help her with the housework. Complete Marcela's promises with the infinitives in brackets.

P. ej.:

Si tú (preparar) el desayuno, yo (hacer) las camas.
> Si tú preparas el desayuno, yo haré las camas.

(a) Si tú (ir) al supermercado, yo (ir) a la panadería.
(b) Si tú (limpiar) el baño, yo (lavar) las ventanas.
(c) Si tú (regar) las plantas, yo (pasar) la aspiradora.
(d) Yo (cocinar) si tú (picar) la cebolla.
(e) Si tú (preparar) la ensalada, yo (poner) la mesa.
(f) Si tú (lavar) la ropa, yo (planchar).
(g) Si tú (dar) de comer al gato y al perro, yo (sacarlos) a pasear.
(h) Yo (lavar) el coche si tú (arreglar) el vídeo.

6 José and María, and Rosa, are making New Year's resolutions. What will they do? Turn the infinitives into the correct form of the future tense.

> P. ej.:
>
> **José y María:**   *trabajar* **mucho > Trabajaremos mucho.**
>
> **Rosa:**   *dejar* **de fumar > Dejaré de fumar.**

José y María

(a) *ahorrar* mucho dinero
(b) *poner* todo nuestro dinero en el banco
(c) *salir* de vacaciones
(d) *tener* una segunda luna de miel

Rosa:

(e) *levantarme* temprano todos los días
(f) *poner* más interés en mis estudios
(g) *hacer* todos mis deberes
(h) *comer* menos y *salir* a correr por las tardes

⇒ 17(9)

7 Alejandro consulted a fortune teller, who told him a few things about his future. What will happen to Alejandro? Turn the infinitives into the correct form of the future tense.

> P. ej.:
>
> *aprobar* **todos tus exámenes**
> **> Aprobarás todos tus exámenes.**

(a) *encontrar* un trabajo estupendo
(b) *hacer* un largo viaje
(c) *conocer* a una mujer maravillosa y ella *decirte* bellas palabras de amor
(d) *casarte* con ella
(e) a tu boda *venir* gente muy famosa y tu foto *salir* en todos los periódicos
(f) ella *quererte* mucho
(g) tú y ella *tener* varios hijos
(h) en tu hogar *haber* felicidad y prosperidad

⇒ 17(9)

73   *Talking about the past*

1 You have been visiting friends in a Spanish town. One of your friends asks what you have done during your visit. Answer his questions by using verbs from the list below.

> P. ej.:
>
> *visitar* **museos >** *He visitado* **museos.**

¿Qué has hecho en tus vacaciones?

(a)   hacer algunas compras
(b)   comprar souvenirs
(c)   tomar el sol
(d)   recorrer lugares de interés turístico
(e)   levantarse temprano
(f)   acostarse tarde
(g) · ver un par de películas muy buenas
(h)   escribir algunas postales

⇒   17(6)

2

It's New Year and Pablo and Marta, and Gabriela, talk about the things they have done during the past year. Choose an appropriate verb from the box to complete the sentences below.

comprar	volver	hacer	aprender	ahorrar	escribir	pasarlo
romper						

Pablo y Marta

(a)   *Hemos dejado* de fumar.
(b)   _____ mucho dinero.
(c)   _____ un coche.
(d)   _____ a conducir.
(e)   _____ estupendamente.

Gabriela

(f)   *Me he mudado* de casa.
(g)   _____ con mi novio.
(h)   _____ a mi pueblo.
(i)   _____ un libro.
(j)   _____ todo lo que quería.

Now tell someone what your friends Pablo and Marta and Gabriela have done.

P. ej.:
Pablo y Marta han dejado de fumar.
Gabriela se ha mudado de casa.

⇒   17(6)

3

It's Mario's third day in his new job and his manager is checking his progress. There are things Mario has just done while others he has not done yet. Can you anwer for him?

P. ej.:
¿Ha terminado usted el informe? (sí)
> Sí, acabo de terminarlo.

¿Ha llamado usted a la señora Ramírez? (no)
> No, todavía no la he llamado.

(a)   ¿Ha escrito usted la carta para el señor Arenas? (sí)
(b)   ¿Ha enviado usted la lista de precios a la señora Romero? (no)
(c)   ¿Ha hecho usted la reserva para Chicago? (sí)
(d)   ¿Ha puesto usted las carpetas en el lugar que le pedí? (sí)
(e)   ¿Ha mandado usted el fax al gerente de Emasa? (no)

(f)   ¿Ha devuelto usted la llamada a la señorita Hidalgo? (sí)

(g)   ¿Ha pedido usted la factura del nuevo fax? (no)

(h)   ¿Ha visto usted a la jefa de personal? (sí)

4

Read this biographical information about the Spanish writer Camilo José Cela and rewrite it using the preterite tense of the following verbs: **casarse, obtener, hacer, nacer, publicar**.

P. ej.:

Camilo José Cela nació en La Coruña, España, en . . .

Nombre:	Camilo José Cela
Lugar de nacimiento:	La Coruña, España
Fecha de nacimiento:	1916
Estudios: primarios:	en Vigo
secundarios:	en Madrid
Publicación de *La familia de Pascual Duarte*:	1942
Matrimonio:	con Rosario Conde, 1944
Nacimiento de su primer hijo:	1946
Premio Nacional de Literatura:	1984
Premio Nobel:	1989

5

Tell the life story of a relative or someone else who was special in some way. Use the following verbs and expressions and others you may think of.

Nacer, empezar/dejar el colegio, ingresar en la universidad, estudiar, licenciarse, dedicarse a, trabajar, viajar, casarse, tener hijos, morir. Cuando tenía . . ., a la edad de (20) años . . ., a los (30) años . . ., al cumplir (40) años, una vez que . . ., después de . . .

6

Write a brief passage relating the main events in your own life, using expressions from Exercise 5 above. Begin like this: **Nací en . . . el . . .**

7

A crime has been committed in your neighbourhood and the police are questioning people. You are being asked to give a detailed account of what you did yesterday.

P. ej.:

Me levanté a las 8.00 y luego . . .; a las 9.00 . . .

8.00   levantarse y ducharse

9.00   desayunar

9.30   irse al trabajo; llegar más temprano que de costumbre; hacer unas llamadas telefónicas

11.00   venir un cliente a visitarme; tener una reunión

13.15   ir a comer con unos colegas

14.00   hacer algunas compras en la farmacia; volver a la oficina; estar allí hasta las 6.00

19.00   dar un paseo en el coche; tener una avería y llegar muy tarde a casa . . .

8

Here are some important events in the life of Francisca and Fabián. How would you ask them how long ago each took place? How would they reply? The first one is done for you.

P. ej.:

¿Cuánto tiempo hace que os conocisteis?

> Nos conocimos hace × años.

(a) 1985 – se conocen
(b) 1987 – se casan
(c) 1989 – tienen su primer hijo
(d) 1990 – compran su primera casa
(e) 1991 – nace su segundo hijo
(f) 1992 – montan su propia empresa
(g) 1994 – se mudan de casa
(h) 1996 – Francisca y Fabián se divorcian

9 Y tú, ¿cuánto tiempo hace que llegaste a este colegio/esta universidad?, ¿Cuánto tiempo hace que empezaste a estudiar español? Reply using **hace** + preterite tense.

10 Answer the questions below saying how long you or other people have been doing or were doing the following. Use the words in brackets.

P. ej.:

¿Pepe todavía duerme? (toda la mañana) > Sí, ha estado durmiendo toda la mañana.

¿Trabajaste mucho? (toda la tarde) > Sí, estuve trabajando toda la tarde.

(a) ¿Carmen todavía lee? (durante horas)
(b) ¿Pablo todavía estudia? (toda la noche)
(c) ¿Todavía discuten? (toda la tarde)
(d) ¿Todavía escribes? (toda la mañana)
(e) ¿Bailasteis mucho tú y Carlos? (hasta el amanecer)
(f) ¿Charlaste mucho con Elena? (hasta muy tarde)
(g) ¿Bebieron mucho tus invitados? (hasta pasada la medianoche)
(h) ¿Esperó mucho Rodrigo? (toda la tarde)

11 Pepe was a model child. He is telling his children what he used to do. Use the infinitives to reconstruct his account of his childhood.

P. ej.:

comerse toda la comida > Siempre *me comía* toda la comida.

Siempre . . .
(a) ayudar a limpiar la casa
(b) levantarse temprano
(c) hacer los deberes sin ayuda
(d) sacar buenas notas

Nunca . . .

(e) llegar tarde a clase
(f) reñía con mis compañeros
(g) mentir
(h) discutía con mis padres

⇒ 17(8)

12

Ana and Julián tell their grandchildren about the good old days. Use the infinitives to reconstruct their account.

> P. ej.:
> **la gente joven *ceder* el asiento a las personas mayores**
> **> La gente joven *cedía* el asiento a las personas mayores.**

(a) la gente *ser* más amable
(b) los jóvenes *respetar* más a los mayores
(c) los niños *ser* más educados
(d) los hijos *preocuparse* más de sus padres
(e) las calles *estar* más limpias
(f) *haber* menos violencia y *poder* andar tranquilo por las calles
(g) la gente *conducir* con más prudencia
(h) nosotros *divertirse* sanamente

13

Read this story about Sebastián García and put the verbs in brackets into the correct form of either the preterite or the imperfect.

Sebastián García solía levantarse muy temprano. Aquella mañana de abril, como de costumbre (1 levantarse) a las 6.00, (2 ducharse) y (3 desayunar). (4 Hacer) frío aquel día y (5 parecer) que (6 ir) a llover. Sebastián (7 buscar) el paraguas y (8 dirigirse) a la estación que (9 estar) a pocos minutos de su casa. El tren (10 estar) más lleno de lo habitual esa mañana y Sebastián (11 tener) que permanecer de pie. (12 Ser) las 9.00 cuando (13 llegar) a la oficina. Su jefe aún no (14 estar) allí. A las diez en punto lo (15 ver) entrar. Sebastián (16 llevar) años trabajando con él y lo (17 conocer) muy bien. Hoy no (18 ser) el momento oportuno para pedirle el aumento que tanto (19 necesitar). Tendría que esperar un día más . . .

⇒ 17(7), 17(8)

14

A group of friends are telling each other anecdotes. Here is what happened to Estrella. Use the example to complete the other anecdotes.

> P. ej.:
> **(yo) saludar a mis anfitriones – caerse**
> **> Estaba saludando a mis anfitriones cuando me caí.**

(a) (yo) servir una copa a mi jefe – derramar el vino sobre su traje favorito
(b) (yo) bailar con una chica muy guapa – pisarla
(c) (Fabián) terminar de comer – encontrar una mosca en el plato
(d) (nosotros) brindar por los novios – apagarse las luces

(e) (la novia) beber champán – desmayarse

(f) (yo) tomar el sol en la playa – mojar una ola

(g) (Carmen) subir al tren – abrirse su maleta

(h) (Bernardo) cortar flores para su novia – picar una abeja

15 Juan is never on time. This week he either missed or was late for several important events. Use the information below to say what actually happened.

> P. ej.:
>
> **La reunión terminó a las seis. Juan llegó a las siete.**
>
> **> La reunión ya había terminado cuando Juan llegó.**

(a) La cena empezó a las 9.00. Juan llegó a las 9.30.

(b) La fiesta comenzó a eso de las 6.00. Juan apareció a las 10.00.

(c) Los invitados se marcharon sobre las 9.00. Juan se presentó una hora después.

(d) Yo me fui a las 8.30. Juan apareció mucho rato después.

(e) El tren salió a las 6.15. Juan y su mujer llegaron a las 6.20.

(f) Gloria y yo entramos al cine a las 8.45. Juan no llegó hasta las 9.15.

(g) Ana María y José se casaron a las 6.00. Juan y su mujer llegaron a la boda media hora después.

(h) Mi vuelo llegó a las 2.45. Juan vino a buscarme a las 3.15.

⇒ 17(11)

Answer key

1 Pronunciation and spelling

1 (a) jota-a-eme-e-ese ese-te-o-ce-ka-te-o-ene. (b) ka-a-ere-e-ene jota-o-ache-ene-ese-o-ene. (c) ce-ache-ere-i-ese-te-o-pe-ache-e-ere uve doble-a-te-ese-o-ene. (d) ge-e-erre-i griega de-i-equis-o-ene. (e) jota-e-a-ene de-a-uve-i-de-ese-o-ene. (f) e-ele-i-zeta-a-be-e-te-ache eme-a-ce-cu-u-e-e-ene.

2 Querida María: ¡Hola! ¿Cómo estás? El sábado recibí tu carta, en la que me dices que vendrás a pasar unos días aquí. ¡Qué buena noticia! ¡No sabes cuánto me alegro! ¿Qué día y a qué hora llegarás?

Yo tomaré vacaciones a partir de la próxima semana, así que estaré libre para salir contigo. Podríamos pasar unos días en la playa. ¿Qué te parece? Nicolás me ofreció su casa. ¿Te acuerdas de él? Es el chico que viajó conmigo a Sudamérica el año pasado.

Escríbeme en cuanto esté lista tu reserva, o bien llámame por teléfono al número 675 2846. Me gustaría ir a buscarte al aeropuerto. Un abrazo, Daniel

3 (a) él/el. (b) mí/mi/mi. (c) sé/sé/se. (d) si/sí. (e) sólo/solo. (f) solo/sólo. (g) tu/tú. (h) cuándo/cuando.

2 Gender and gender agreements

1 (a) fría. (b) deliciosa. (c) complicado. (d) dura. (e) consumado. (f) rápida. (g) primera. (h) rojo.

2 (a) capital (money)/capital city. (b) cut/court. (c) priest/cure. (d) front/forehead. (e) guide (person)/guidebook. (f) apple tree/apple. (g) margin/bank (river). (h) orange tree/orange. (i) order (condition)/order (command). (j) party/departure. (k) earring/slope. (l) policeman/police force.

3 (a) la actriz. (b) la alcaldesa. (c) la yegua. (d) la cantante. (e) la dentista. (f) la estudiante. (g) la joven. (h) la princesa. (i) la profesora. (j) la reina. (k) la hembra. (l) la nuera.

3 Plurals and number agreements

1 (a) las aguas. (b) los caracteres. (c) españoles. (d) los programas. (e) hindúes. (f) ingleses. (g) israelíes. (h) los lápices. (i) los lunes. (j) los ordenadores. (k) los orígenes. (l) los paraguas. (m) los regímenes. (n) los reyes.

2 (1) primera. (2) frío. (3) concurrido. (4) lento. (5) pocas. (6) disponibles. (7) entreabierta. (8) bronceada. (9) castaño. (10) rojos. (11) evidente.

4 The articles

1 (a) la. (b) lo. (c) el. (d) 0/0/el. (e) lo. (f) el. (g) lo. (h) el. (i) 0/el. (j) lo. (k) 0/el. (l) la.

2 (1) la. (2) la. (3) el. (4) los. (5) la. (6) la. (7) el. (8) la. (9) los. (10) el. (11) 0. (12) la. (13) los. (14) del. (15) la. (16) la. (17) 0. (18) los. (19) el. (20) el. (21) la. (22) lo. (23) los. (24) del.

3 (1) 0. (2) 0. (3) una. (4) 0. (5) unos. (6) un. (7) 0. (8) 0. (9) una. (10) un. (11) el. (12) 0. (13) 0. (14) 0.

5 Adjectives

1 (1) algún. (2) buen. (3) ningún. (4) san. (5) tercer. (6) bueno. (7) alguna. (8) ninguna. (9) santa. (10) san.

2 (a) La línea aérea británica ... (b) Los pobres estudiantes ... (c) ... de una oscura caverna. (d) ... hermoso vestido rojo. (e) ... ni una sola casa en pie. (f) ... grandes dificultades económicas. (g) ... una calle peatonal. (h) Las familias pobres ... (i) ¡Qué negro porvenir ...! (j) ... numerosos problemas por resolver.

3 (a) former/old. (b) certain/true. (c) different/several. (d) large/great. (e) brand new/another. (f) unique/only. (g) simple/just. (h) pure/honest.

6 Comparative forms of adjectives and adverbs

1 (b) La E.C. está tan cerca del metro como el I.P. (c) La E.C. es más barata que el I.P. (d) La E.C. tiene tantos alumnos por grupo como el I.P. (e) La E.C. tiene más horas de clase por semana que el I.P. (f) ... en la E.C. empiezan tan temprano como en el I.P. (g) La E.C. tiene mejores instalaciones que el I.P. (h) ... la E.C. es mejor que el I.P.

2 (a) ... no es tan trabajador como ... (b) ... no es tan delgada como ... (c) ... no es tan rápido como (d) ... no es tan guapo como ... (e) ... no es tan generoso como ... (f) ... no es tan joven como ... (g) ... no son tan ordenados como ... (h) ... no son tan responsables como ...

(a) ¿Cuál es la ciudad más grande de G.B.? La ciudad más grande de G.B. es Londres. (b) ¿. . . la forma más rápida de viajar? La forma más rápida de viajar es el avión. (c) ¿. . . el medio de transporte más barato? El medio de transporte más barato es la bicicleta. (d) ¿ . . . el monte más alto del mundo? El monte más alto del mundo es el Everest. (e) ¿Cuáles son los meses más fríos del año en tu país? Los meses más fríos del año son enero y febrero. (f) ¿Cuál es la mejor época del año para visitar tu país? La mejor época del año para visitar mi país es el verano. (g) ¿ . . . tu mayor virtud como persona? Mi mayor virtud es (la generosidad). (h) ¿ . . . tu peor defecto como persona? Mi peor defecto es (la impaciencia).

7 Numbers

 (a) treinta y uno. (b) setenta y siete. (c) noventa y nueve. (d) ciento uno. (e) doscientos sesenta y uno. (f) trescientos cinco. (g) cuatrocientos noventa y dos. (h) novecientos cincuenta y siete. (i) mil doscientos treinta y uno. (j) dos mil quinientos setenta y nueve. (k) once mil seiscientos cincuenta y un dólares. (l) cincuenta mil diez dólares. (m) ciento cinco mil novecientos treinta y cuatro pesos. (n) un millón quinientos cuarenta y nueve mil un pesos. (o) tres millones treinta y dos mil setecientos doce. (p) ocho millones novecientos noventa y nueve mil doscientos cinco.

(a) Juan Carlos primero. (b) Alfonso trece. (c) Alfonso décimo. (d) Isabel segunda. (e) Enrique octavo. (f) Juan Pablo segundo.

(a) son las cinco y cuarto. (b) son las siete y media. (c) son las nueve y veinticinco. (d) son las diez y media. (e) son las doce menos veinte/son veinte para las doce (Méx.). (f) son las doce.

(a) doce de octubre de mil cuatrocientos noventa y dos. (b) diecinueve de enero de mil novecientos once. (c) catorce de abril de mil novecientos treinta y uno. (d) el siglo séptimo. (e) el siglo diecinueve. (f) el siglo veintiuno.

(a) Nací el (*date*). (b) El (*date*). (c) Estamos a (*date*).

8 Personal pronouns

 (a) Les envié . . . (b) Las recibieron . . . (c) Le traje . . . (d) Os he comprado . . . (e) La voy a llamar . . . *or* Voy a llamarla . . . (f) No se lo cuentes. (g) Mándaselas. (h) Estoy buscándola *or* La estoy buscando.

(a) se lo. (b) te la. (c) le/nos. (d) me/os lo. (e) la. (f) diles/me/les. (g) pásamela. (h) ocultárselo/lo. (i) se me/se me/te. (j) se me.

(a) ¿Se lo vas a . . . ? (b) ¡Cómo le podría . . . ! (c) Tenéis que devolvérnoslo (d) . . . Lo quiero leer. (f) Vengo diciéndoselo . . . (g) La estoy terminando. Si me vuelves a interrumpir . . . (h) Los acabamos de comprar, pero pensamos venderlos . . .

4 (1) me. (2) se. (3) lo. (4) lo. (5) me. (6) los. (7) lo. (8) mí. (9) me. (10) lo. (11) me. (12) lo. (13) se. (14) le. (15) me. (16) lo.

5 (1) os. (2) os. (3) nos. (4) lo. (5) le. (6) mí. (7) me. (8) les. (9) los *or* les. (10) os. (11) lo. (12) nos.

9 Demonstratives

1 (a) ésa. (b) (1) ésta. (2) ésta. (3) estas. (4) estos. (5) este.

2 (1) esos. (2) ésos. (3) esas. (4) ésos. (5) esa. (6) ésa.

3 (1) aquel. (2) esta. (3) esa. (4) aquellos. (5) este. (6) esto *or* éste. (7) aquella. (8) esto. (9) esta. (10) estas.

10 Possessives

1 (a) su. (b) nuestras. (c) su. (d) tu. (e) vuestras. (f) mis/mi. (g) tu. (h) su.

2 (a) la tuya. (b) el mío. (c) las tuyas. (d) el tuyo. (e) el nuestro. (f) la suya. (g) suyo. (h) la mía. (i) los vuestros. (j) suyos.

3 (a) Es la hija de Antonio y Teresa y la mujer de Ricardo. (b) Es la mujer de Pablo y la madre de José, Ana y Mario. (c) Es la mujer de Antonio y la madre de María y Pablo. (d) Es el hijo de Teresa y Antonio y el marido de Cristina. (e) Es el marido de María y el padre de Luis e Isabel. (f) Es la hija de Ricardo y María y la hermana de Luis. (g) Son los hijos de Pablo y Cristina y los hermanos de Mario. (h) Es el hijo de Ricardo y María y el hermano de Isabel.

11 Relative pronouns

1 (a) que. (b) la que/cual *or* quien. (c) que. (d) quien *or* el que/cual. (e) cuyo. (f) la que/cual. (g) los que. (h) cuyos.

2 (a) la que/cual. (b) el que *or* quien. (c) cuya. (d) que. (e) la que/cual *or* quien. (f) los que/cuales *or* quienes. (g) lo que. (h) que.

3 (1) que. (2) quien *or* el que/cual. (3) cuya. (4) que. (5) cuya. (6) que. (7) al que/cual. (8) que. (9) el que/cual. (10) lo que. (11) lo que. (12) que. (13) quien *or* el que/cual. (14) el que/cual.

12 Interrogative and exclamatory forms

1 (a) – (5). (b) – (7). (c) – (2). (d) – (10). (e) – (6). (f) – (1). (g) – (12). (h) – (3). (i) – (11). (j) – (8). (k) – (4). (l) – (9).

2 (a) ¿dónde? (b) ¿quién? (c) ¿cómo? (d) ¿cuándo? (e) ¿qué? (f) ¿cuánto? (g) ¿cuántos? (h) ¿cuál?

3 (1) ¡qué! (2) ¡cuánto! (3) ¿por qué? (4) ¡qué! (5) ¡cómo! (6) ¡qué! (7) cómo *or* cuánto. (8) qué.

4 (a) ¿cuál? (b) ¿cuál? (c) ¿qué? (d) ¿qué? (e) ¿cuál? (f) ¿qué? (g) ¿cuál? (h) ¿cuál? (i) ¿qué? (j) ¿cuál?

5 (a) ¡Qué bonito! (b) ¡Qué extraño/raro! (c) ¡Qué divertido! (d) ¡Qué cansado estoy! (e) ¡Cómo trabaja! (f) No sabíamos lo difícil que era. (g) ¿Cuánto pesa? (h) ¿Qué largo tiene? *or* ¿Cuánto mide de largo? (i) ¿A qué distancia está? (j) ¿Cuántos años tiene? (k) ¿Cómo se escribe? (l) ¿Qué importancia tiene?

13 Indefinite and negative pronouns and adjectives

1 (1) alguno. (2) alguien. (3) algún. (4) nadie. (5) ningún. (6) algo. (7) algunos. (8) todo. (9) nada. (10) todo. (11) cualquier. (12) ningún.

2 (1) algunas. (2) algún. (3) nadie. (4) nada. (5) alguna. (6) cualquier. (7) alguien. (8) algo. (9) ninguna. (10) cualquier.

14 Adverbs

1 (a) entusiastamente. (b) perfectamente. (c) precipitadamente. (d) gustosamente. (e) amable y delicadamente. (f) puntualmente. (g) rápidamente. (h) desinteresadamente. (i) tranquilamente. (j) decididamente.

2 (a) – (3). (b) – (8). (c) – (5). (d) – (1). (e) – (7). (f) – (4). (g) – (2). (h) – (6).

3 (a) de forma/manera/modo inteligente. (b) de forma/manera correcta/de modo correcto. (c) de forma dura. (d) de manera informal. (e) de modo exagerado. (f) de forma sospechosa. (g) de manera silenciosa. (h) de modo sigiloso. (i) de forma desordenada. (j) de manera triste.

15 Negation

1 (a) no/ninguna. (b) no/ninguno. (c) no/ningún. (d) no/nada. (e) no/nunca. (f) nunca/no. (g) no/nadie. (h) nadie. (i) no/ni/ni. (j) tampoco. (k) no/sino. (l) no.

2 — (a) Nunca llego tarde. (b) No te oculto nada. (c) No estoy saliendo con nadie. (d) Nunca tengo ningún problema. (e) Nunca tengo ninguna queja contra ti. (f) Nunca me quejo de nada.

3 — (a) My boss has stopped reproaching me for my mistake. (b) My boss hasn't stopped reproaching me for my mistake. (c) I have just understood why he/she did it. (d) I just can't understand why he/she did it.

16 Verb forms

1 — (a) da– daba – dio. (b) tiene – tenía – tuvo. (c) sale – salía – salió. (d) duerme – dormía – durmió. (e) siente – sentía – sintió. (f) pone – ponía – puso. (g) oye – oía – oyó. (h) trae – traía – trajo. (i) conduce – conducía – condujo. (j) viene – venía – vino. (k) cierra – cerraba – cerró. (l) cae – caía – cayó. (m) va – iba – fue. (n) puede – podía – pudo. (o) lee – leía – leyó.

2 — (a) haga. (b) sea. (c) tengamos. (d) dé. (e) digas, venga. (f) vaya. (g) traiga. (h) sepan. (i) esté. (j) busque.

3 — (1) iremos. (2) haremos. (3) estaremos. (4) tendremos. (5) dirán. (6) saldrán. (7) podrías. (8) sería.

4 — (a) dime. (b) sal. (c) váyanse. (d) ten. (e) sed. (f) estáte. (g) cuentes. (h) pongáis. (i) haz. (j) vuelva.

5 — The full table is:

Infinitive	1st pers. sing. present	3rd pers. sing. preterite	1st pers. pl. imperfect	2nd pers. pl. conditional	3rd pers. sg. imperfect subjunctive	Gerund
advertir	advierto	advirtió	advertíamos	advertiríais	advirtiera	advirtiendo
comenzar	comienzo	comenzó	comenzábamos	comenzaríais	comenzara	comenzando
corregir	corrijo	corrigió	corregíamos	corregiríais	corrigiera	corrigiendo
despedir	despido	despidió	despedíamos	despediríais	despidiera	despidiendo
estar	estoy	estuvo	estábamos	estaríais	estuviera	estando
jugar	juego	jugó	jugábamos	jugaríais	jugara	jugando
andar	ando	anduvo	andábamos	andaríais	anduviera	andando
sentar	siento	sentó	sentábamos	sentaríais	sentara	sentando
sentir	siento	sintió	sentíamos	sentiríais	sintiera	sintiendo
sonreír	sonrío	sonrió	sonreíamos	sonreiríais	sonriera	sonriendo

17 Use of the verb forms

1 — (1) suele. (2) se va. (3) comparte. (4) lee. (5) da. (6) tiene. (7) almuerza. (8) vuelve. (9) se queda. (10) recoge. (11) suelen. (12) van. (13) se sientan. (14) vuelven.

2 — (1) suelo. (2) me voy. (3) comparto. (4) leo. (5) doy. (6) tengo. (7) almuerzo. (8) vuelvo. (9) me quedo. (10) recojo. (11) solemos. (12) vamos. (13) nos sentamos. (14) volvemos.

3 — (a) viene/vino. (b) duermo/dormí. (c) pidió/pide. (d) dice/dijo. (e) van/fueron. (f) hice/hago. (g) pueden/pudieron. (h) traigo/traje.

4 — (1) muere. (2) es. (3) es. (4) designa. (5) concede. (6) favorece. (7) celebra. (8) triunfa. (9) produce. (10) tiene. (11) entra. (12) juega.

5 — (1) Usted toma. (2) se baja. (3) sube. (4) tuerce. (5) sigue. (6) gira.

6 — Por la mañana: ha asistido . . ./ha visto . . ./ha escrito . . ./ha hecho . . . Por la tarde: ha comido . . ./ha vuelto . . ./ha puesto . . ./ha ido . . .

7 — (1) eran. (2) salió. (3) era. (4) hacía. (5) era. (6) compró. (7) se dirigió. (8) estaba. (9) esperaba. (10) llegó. (11) tuvo. (12) parecía. (13) era. (14) esperaba.

8 — (1) nací. (2) trabajaba. (3) era. (4) pasó. (5) cumplí. (6) fue. (7) cambió. (8) era. (9) fue. (10) conocía.

9 — (1) llegará. (2) permanecerá. (3) vendrá. (4) será. (5) sostendrá. (6) pondrá. (7) podrán. (8) tendrán.

10 — (1) harías. (2) dejaría. (3) me iría. (4) cultivaría. (5) criaría. (6) me dedicaría. (7) habría. (8) vendrían. (9) daríamos. (10) nos pondríamos. (11) nadaríamos. (12) viviría.

11 — (1) había entrado. (2) dejó. (3) se habían ido. (4) había llegado. (5) recordó. (6) había olvidado. (7) entró. (8) había hecho. (9) se habían apagado. (10) había estado. (11) sintió.

18 Use of the subjunctive

1 — (a) acompañéis. (b) hagas. (c) mencione. (d) echaran/echasen. (e) dé. (f) interrumpa. (g) esté. (h) estuvieran/estuviesen.

2 — (a) encuentres. (b) hayas dejado. (c) hayas encontrado. (d) pusieras or pusieses. (e) dijeras/dijeses. (f) traigas. (g) ayude. (h) fueras/fueses.

3 (1) hayas. (2) supieras. (3) guardo. (4) recuerdes. (5) vinieras. (6) hicieras. (7) haya. (8) cumplas. (9) hablas. (10) digas. (11) escriba. (12) está. (13) haya.

4 (a) repare. (b) conozcas. (c) está. (d) viera. (e) dé. (f) hubiera. (g) puede. (h) comiera/comiese (*also* coma).

5 (a) termine. (b) tengamos. (c) encuentre. (d) se harta. (e) terminara/terminase (*also* termine). (f) viene. (g) anochezca. (h) fuera/fuese.

6 (a) llame. (b) te portes. (c) viene. (d) devuelvas. (e) llueva. (f) supiera *or* supiese. (g) se oponga. (h) trajera/trajese.

7 (a) estuviera/estuviese . . . tomaríamos . . . (b) . . . hubiera/hubiese . . . nos quedaríamos . . . (c) . . . tuviera/tuviese . . . le pediría prestado . . . (d) . . . no pudiera/pudiese prestármelo . . . tendría que . . . (e) . . . dijera/dijese . . . creerías. (f) . . . hiciera/hiciese . . . pondríamos . . . (g) . . . no viniera/viniese . . . la llamaría. (h) . . . supiera/supiese . . . se lo preguntaría . . .

8 (a) Si no fuera tan tarde me quedaría. (b) Si me sintiera bien iría a la fiesta. (c) Si hablara/hablase español podríamos entendernos. (d) Si tu casa no estuviera/estuviese tan lejos podríamos ir andando. (e) Si hubiera/hubiese sabido guardar el secreto no se habría enterado todo el mundo. (f) Si el chalet no hubiera/hubiese sido tan caro lo habrían alquilado. (g) Si los bomberos hubieran/hubiesen llegado a tiempo la casa no se habría incendiado. (h) Si hubiera/hubiese hecho lo que debía no habría tenido que sufrir las consecuencias.

9 (1) enviara. (2) manden. (3) reciba. (4) sea. (5) encuentres. (6) te inscribieras/incribieses. (7) puedas. (8) te quedaras/quedases. (9) digas. (10) quieras. (11) vaya. (12) llegues.

19 *Sequence of tenses*

1 (a) diría. (b) vendrán. (c) había hecho. (d) había recibido. (e) devolvería. (f) hará. (g) había hecho. (h) habían vivido.

2 (a) vayas. (b) fueras/fueses. (c) faltara/faltase. (d) ayudéis. (e) viniéramos/viniésemos. (f) estés. (g) fuera/fuese. (h) hayais terminado.

3 (1) había decidido. (2) pensaba. (3) tenía. (4) se quedaría. (5) había estado. (6) había pasado.

20 *Other forms of the verb and their uses*

1 (a) estaba haciendo. (b) estuvieron esperando. (c) estuvieron discutiendo. (d) estaba leyendo. (e) estoy duchándome. (f) estaba durmiendo. (g) estuve trabajando. (h) está vistiéndose.

2

(b) Iban a compartir ... van a vivir solos ... (c) Ibamos a celebrar ... vamos a hacerlo ... (d) Iba a comprar ... voy a comprar ... (e) Iba a emigrar ... va a quedarse ... (f) Iban a viajar ... van a alquilar ... (g) Iba a casarme/Me iba a casar ... voy a hacerlo/lo voy a hacer ... (h) Ibamos a enviarle/Le íbamos a enviar ... vamos a llamarla/la vamos a llamar ...

3

(a) Llevan cinco años viviendo ... (b) Llevo casi dos años haciendo ... (c) Llevo un año estudiando ... (d) Llevaba mucho tiempo esperando ... (e) Llevan más de una hora durmiendo. (f) Llevábamos meses planeando ... (g) Esteban lleva seis meses saliendo ... (h) Llevaba mucho tiempo buscando ...

21 Modal auxiliary verbs and expressions

1

(a) Puedes quedarte aquí si quieres. (b) Puede haber salido. (c) ¿Qué podemos hacer? (d) Podrías conseguir ese trabajo si lo intentaras. (e) Pude hacerlo solo. (f) Sabía que él podía hacerlo bien. (g) ¿Puedo pasar/entrar? (h) Puedes quedarte todo el tiempo que quieras.

2

(a) Deben (de) ser ... (b) Debe (de) costar unas ... (c) Deben (de) haber sido ... (d) Debe (de) haber tenido ... (e) Debo (de) haber traducido ... (f) Deben (de) haberlo hecho ... (g) Deben (de) habernos visto. (h) Debe (de) haberte costado ...

3

(a) Debo hacerlo. (b) Debemos estar allí antes de la medianoche. (c) Deberían irse pronto. (d) Alguien debería decírselo. (e) Debería haber estudiado más para el examen. (f) Deberíamos haber hecho algo para ayudarla. (g) No deberías haber llegado tan tarde. (h) No deberían haber hecho lo que hicieron.

22 Ser *and* estar

1

(1) es. (2) soy. (3) soy. (4) está. (5) soy. (6) estoy. (7) estoy. (8) están. (9) está. (10) están. (11) estoy. (12) es. (13) están. (14) es. (15) está. (16) es. (17) es. (18) está. (19) es. (20) está.

2

(a) está/son/están. (b) está. (c) está/está/está/ha sido/es. (d) está/es/está/estoy. (e) estamos/estamos/es/está. (f) es/es/es/es/es/está. (g) está/es/son. (h) es/estabas/es/está.

3

(a) fue. (b) fuimos. (c) fue. (d) es/estaba. (e) está/sea. (f) es/fue/esté. (g) fuera/está. (h) ha sido/está.

23 The reflexive

1

(b) se gustaron/se vieron. (c) se querían/casarse/se celebró. (d) se fueron. (e) mudarse. (f) ausentarse. (g) se escribieron/se apresurara/apresurase. (h) se acaba.

2 (a) me defendí. (b) se dio/se lavó. (c) se pusieron. (d) te arrepentirás. (e) nos divertimos/se pasó. (f) se (me) cayó/se quebró. (g) se comió/se bebió. (h) me dormí.

3 (a) pongas. (b) se levantó. (c) quedarnos. (d) se llaman. (e) se abrió. (f) levantó. (g) nos pusimos. (h) llama. (i) quedar. (j) abrió.

24 The passive

1 (1) fue conducido. (2) fue juzgado. (3) (fue) sentenciado. (4) fue trasladado. (5) fue puesto. (6) fueron aprehendidos. (7) fueron devueltos. (8) fueron confinados. (9) se construyó.

2 (a) estaban. (b) estaba. (c) fue. (d) está. (e) fue. (f) fue. (g) está. (h) sido.

3 (a) Se dice que . . . (b) Se ha criticado mucho . . . (c) Se cree que . . . (d) Se vendió . . . (e) Nunca se sabe . . . (f) No se le dijo nada . . . (g) Nunca se puede estar . . . (h) Se tomarán . . .

4 (a) El primer día de la conferencia nos presentaron/fuimos presentados a nuestros anfitriones. (b) Nos llevaron a una gran sala donde iba a tener lugar la conferencia. (c) Se sirvió la comida a la una y después trajeron café para aquéllos que lo querían. (d) Aquella noche un colega me invitó a cenar. (e) Al día siguiente nos recibió el alcalde/fuimos recibidos por el alcalde de la ciudad. (f) Este encuentro había sido organizado/concertado por nuestros anfitriones. (g) Me dieron un asiento al lado de/junto a alguien de Colombia. (h) Una empresa del lugar nos dio unos bonitos regalos.

25 Prepositions

1 (1) para. (2) de. (3) a. (4) del. (5) del. (6) de. (7) de. (8) a. (9) de. (10) de. (11) para. (12) a. (13) por. (14) de. (15) hasta. (16) para. (17) a. (18) de. (19) para. (20) a. (21) con. (22) a. (23) de. (24) por. (25) al. (26) de.

2 (a) (1) a. (2) desde. (3) a. (b) (1) para. (2) al. (3) con. (4) de. (5) de. (6) con. (7) para. (8) de. (9) de. (c) (1) de. (2) en. (3) por. (4) hasta. (5) a. (6) por. (7) hasta. (8) de. (9) entre.

3 (1) para. (2) para. (3) por. (4) para. (5) para. (6) para/por (L. Am.). (7) por. (8) por. (9) por. (10) por. (11) para. (12) por.

4 (a) por/por/para. (b) por. (c) por. (d) por. (e) para. (f) por. (g) por/para. (h) para. (i) por. (j) por/para. (k) para/por/para. (l) por.

26   Complementation

1   ... en la que me decías *que* vendrías ...; me pedías *que te ayudara* ...; Me alegro mucho *de* que vengas ...; Existe la posibilidad *de* que ...; estoy segura *de* que ...; no creo *que* haya problemas.

2   (1) a. (2) a. (3) 0. (4) a. (5) de. (6) 0. (7) con. (8) en. (9) 0. (10) por. (11) 0. (12) con. (13) 0. (14) de. (15) por. (16) de. (17) 0. (18) a. (19) a. (20) a.

3   (a) ¿Cuánto tiempo llevas aprendiendo español? (b) ¿Qué piensas hacer después (de) que termines? (c) ¿Continuarás estudiando el idioma? (d) Julia acabó haciendo derecho en lugar de historia. (e) Terminamos de empacar y después nos fuimos. (f) Evitamos pasar por Madrid. (g) Lamento no haberlo hecho. (h) Recuerdo haberla conocido durante nuestras vacaciones.

27   Conjunctions

1   (a) Como no teníamos suficiente dinero, no lo compramos. (b) No viene a verme porque está enfadado conmigo. (c) Dejé de escribirle ya que nunca respondió a mis cartas. (d) Como no tienen teléfono tendremos que pasar por su casa. (e) No podrá venir a la reunión pues no se siente bien. (f) Le será imposible conseguir un empleo puesto que no tiene permiso de trabajo.

2   (a) siempre que. (b) con tal (de) que. (c) a no ser que. (d) a condición de que. (e) como. (f) si.

3   (a) Lo pondré aquí para que (de manera/modo/forma que) lo vean. (b) Ya se habían ido, de manera/modo/forma que no pudimos despedirnos de ellos. (c) Limpiaremos la casa antes de que lleguen nuestros invitados. (d) Después (de) que termines, ¿porqué no salimos a dar un paseo? (e) Venían a vernos siempre que podían. (f) Seguiré llamando hasta que conteste. (g) En cuanto lleguen, avísame. (h) Cuando hayamos pagado todas nuestras deudas compraremos una nueva casa. (i) Normalmente se queda en la oficina hasta que termina su trabajo. (j) Continuaré ayudándote mientras pueda.

28   Word order

1   (a) Todas las semanas iba Beatriz al cine. (b) En Ibiza pasaban Pablo y Agustín sus vacaciones. (c) Un mes estuvimos María Luisa y yo en Santo Domingo. (d) Con veinte minutos de retraso llegó el tren de Zaragoza. (e) Nunca recibió Gloria la carta que le escribí. (f) En la lotería se ganó Silvia un millón de pesetas. (g) Más de tres meses estuvo Manuel sin trabajo. (h) Por la ventana tiene que haber entrado el ladrón.

2   (a) ¿A qué hora sale el tren? (b) ¿Adónde fue Raúl? (c) ¿Dónde está la parada del autobús número seis? (d) ¿Hay una casa de cambio por aquí? (e) ¿Cuándo estuvo Gonzalo en Inglaterra por primera vez? (f) ¿Qué le puso Isabel a esta sopa tan deliciosa? (g) ¿Cuánto tiempo van a estar Paca y Pepe en Mallorca? (h) ¿Por dónde entró el ladrón en la casa?

3

(a) ¿Recibió tu hermano la carta que le envié? (b) ¿Habla español Pat? (c) ¿Fue Felipe a la fiesta de Carmen? (d) ¿Han vuelto tus padres de sus vacaciones? (e) ¿Ha llegado ya Inés de Argentina? (f) ¿Había estado Eloísa alguna vez allí/allí alguna vez? (g) ¿Habrá llegado ya el tren de las 12.30? (h) ¿Te devolvió Andrés el dinero que le prestaste?

SECTION 2: FUNCTIONS

29 *Making social contacts*

1

Hola, ¿cómo estás?/Bien, gracias. ¿Conoces a Pablo? Es de Granada./¿Cómo está tu hermana Carmen? No la he visto últimamente./Me alegro de que le haya ido bien. Dale mis recuerdos.

2

(a) (Dele mis) recuerdos/saludos a su marido. (b) (Dale) recuerdos/saludos a tu novio. (c) María te envía recuerdos/saludos. (d) Te presento a mi padre/Este es mi padre. (e) Encantado (de conocerle/lo)/Mucho gusto. (f) Le presento a mi colega Sarah Brown/Esta es mi colega Sarah Brown. (g) ¡Enhorabuena!/¡Te felicito! (h) ¡Feliz cumpleaños!, ¡Feliz Navidad!/¡Felices Navidades!, ¡Feliz Año Nuevo!

3

¿Está José? *or* ¿Podría hablar con José?/De parte de (*name*). ¿Puedo dejarle un recado?/¿Podrías decirle *or* Dile a José que estoy en España haciendo un curso de español y que lo/le llamaré esta noche?

4

Con la extensión trescientos veinte, por favor./¿Podría ponerme con la señora Sánchez?

5

(a) ¿Quiere dejarle algún recado? (b) ¿Sería tan amable de darle un recado? (c) Quiero hacer una llamada internacional. (d) Quiero hacer una llamada de persona a persona. (e) Quiero hacer una llamada a cobro revertido al número uno-ocho-uno siete-dos-uno-cinco-tres-cero-cero de Londres. (f) No me puedo comunicar/No logro comunicarme con el número seis-cuarenta y siete-noventa-doce. (g) Estaba hablando con la señora Hernández y se cortó la comunicación. (h) Está comunicando (Spain)/Está ocupado.

6

(a) Querida Cristina. (b) Estimado Julián. (c) Muy señor mío. (d) Distinguida señora. (e) Estimada señora Carmona.

7

(a) poder. (b) recibo. (c) contestación. (d) objeto. (e) mediante. (f) agrado. (g) fin.

8

(a) Lamento/Siento. (b) le ruego. (c) Me complace. (d) Le agradecería. (e) Lamento/Siento. (f) Tengo mucho agrado.

9

Muy señor mío:

En relación con su anuncio en el periódico Los Tiempos sobre cursos de español, le ruego que me envíe un boletín de inscripción y más información sobre los cursos, incluyendo precios . . . Le agradecería que me enviara también información sobre alojamiento. Me gustaría quedarme con una familia.

30 *Basic strategies for communication*

(a) Oiga/Perdone/Por favor. (b) Oye/Perdona. (c) ¿Cómo dice? (d) Perdone/Disculpe, pero no (le) entiendo. (e) Perdonen/Disculpen mi español/pero no hablo muy bien español. (f) ¿Qué significa exigir? (g) ¿Cómo se dice *wood* en español? (h) ¿Podría hablar más despacio, por favor? (i) ¿Cómo se pronuncia su apellido? (j) ¿Cómo se escribe su apellido? (k) Perdone/Disculpe que lo/le interrumpa.

(a) ¡Oiga! (b) Perdone. (c) no le entiendo. (d) perdona.

(1) quisiera referirme. (2) para empezar. (3) seguidamente. (4) en último lugar. (5) en lo que se refiere a. (6) tales como. (7) además. (8) a modo de ejemplo. (9) en suma.

31 *Asking questions and responding*

(a) ¿Está(s) casado? (b) ¿Tiene(s) hijos? (c) ¿Trabaja su/tu mujer? (d) ¿Viven/vivís cerca de aquí? (e) Les/os gusta vivir aquí? (f) ¿Tienen/tenéis coche?

(a) ¿La propietaria es usted?, Usted es la propietaria, ¿no? (b) ¿Está disponible ahora la habitación?; La habitación está disponible ahora, ¿verdad? (c) ¿La casa tiene calefacción central?; ¿Tiene calefacción central la casa? (d) ¿Este precio incluye la calefacción?; ¿Incluye la calefacción este precio? (e) ¿La habitación está en buen estado?; La habitación está en buen estado, ¿verdad? (f) ¿Funcionan bien todos los grifos?; Todos los grifos funcionan bien, ¿no? (g) ¿El último inquilino pagó todas las cuentas?; El último inquilino pagó todas las cuentas, ¿verdad? (h) ¿Es de uso común el teléfono?; El teléfono es de uso común, ¿no? (i) ¿La habitación tiene baño?; La habitación tiene baño, ¿verdad?

(a) ¿Dónde? (b) ¿Cuándo? (c) ¿Qué? (d) ¿Cuánto? (e) ¿Cuánto? (f) ¿Por qué?

¿Cuántos años tienes?/¿A qué te dedicas?/¿Cuál es tu dirección?/¿Cuál es tu número de teléfono?/¿Cómo se llaman tus padres?/¿Cuántos hermanos tienes?

¿Cuánto dura? *or* ¿Qué duración tiene?/¿Qué días hay clases? *or* ¿Qué días son las clases?/¿A qué hora son las clases? *or* ¿Cuál es el horario?/¿Cuánto cuesta el curso?

¿Qué días hay vuelos a México?/¿A qué hora salen?/¿Los vuelos son directos?/¿Dónde hacen escala?/¿Cuánto cuesta el pasaje (L. Am.)/billete (Spain)?/¿Tiene pasajes/plazas para el 2 de octubre?

7 — (a) por. (b) a. (c) de. (d) en. (e) hasta. (f) con. (g) para. (h) desde.

32 Negating

1 — (a) inapropiado. (b) desconocido. (c) impopular. (d) infeliz. (e) desigual. (f) inaceptable. (g) desocupado. (h) incómodo.

2 — Roberto es poco atractivo, poco inteligente, incompetente y desordenado. Además, es desatento, descortés, poco sincero y deshonesto. Roberto es muy impopular entre sus compañeros.

3 — (a) Es una persona poco conocida. (b) Es una persona desconocida. (c) Es un empleado poco responsable. (d) Es un empleado irresponsable. (e) Es un empleado nada responsable. (f) Ni siquiera nos respondieron. (g) Ni Raquel ni Roberto vinieron a nuestra fiesta. (h) Javier tampoco vino.

4 — (1) nadie. (2) nada. (3) ni. (4) ni. (5) tampoco. (6) nada. (7) nunca. (8) ningún. (9) ninguno. (10) tampoco. (11) ni.

5 — (1) nunca. (2) nada. (3) ninguna. (4) ninguna. (5) tampoco. (6) ningún. (7) nadie. (8) nunca. (9) ni. (10) nada. (11) ni. (12) sino. (13) nadie. (14) ninguna.

6 — (a) No porque sea mi vecina la voy a invitar. (b) No porque estén en rebaja los voy a comprar. (c) No porque tenga mucha influencia voy a recurrir a ella. (d) No porque hable tres idiomas la voy a contratar. (e) No porque esté lloviendo me voy a quedar en casa. (f) No porque sea guapísimo voy a salir con él.

33 Reporting

1 — (a) Ha llamado Julia. Dice que necesita hablar contigo y que te llamará esta noche. (b) Dice que encontró el libro que le pediste y que lo tiene en su casa. (c) Dice que se va de vacaciones mañana y que quiere despedirse de ti. (d) Dice que se ha mudado de casa y que quiere darte su nueva dirección. (e) Dice que tiene algo para ti y que pasará a dejártelo. (f) Dice que vendrá aquí esta tarde porque quiere pedirte un favor.

2 — (a) . . . la reserva estaba confirmada, pero que la línea aérea había cambiado . . . (b) . . . el hotel El Conquistador estaba completo y que tendría que reservarnos . . . (c) . . . nos haría un descuento . . . (d) . . . los seguros de viaje estarían listos . . .

3 — (a) . . . que la inflación acumulada hasta diciembre había alcanzado . . . (b) . . . que el gobierno y los trabajadores habían iniciado . . . (c) . . . que los estudiantes habían salido . . . (d) . . . que los vecinos de Santa Marta se opondrían . . . (e) . . . que los ecologistas propondrían . . . (f) . . . que el conflicto de los mineros del carbón se había solucionado.

4

(b) ... qué influencia había tenido en mi carrera mi matrimonio con ... (c) ... porqué me había alejado de él (d) ... a qué atribuía el gran éxito de ... (e) ... si me había sentido satisfecha con mi ... (f) ... si era verdad que actuaría junto a ... (g) si me divorciaría de ... (h) ... si aún me sentía enamorada ...

5

... que creía que le era infiel, que el otro día había encontrado un pañuelo de mujer en uno de sus bolsillos y que no era de ella. Antonio le preguntó si había hablado con él e Isabel le respondió que había hablado con él y que lo había negado todo. Dijo que ella no sabía qué hacer. Antonio le aconsejó que no tomara decisiones apresuradas y que lo pensara bien.

6

... que pusiera la basura .../que les diera de comer .../que sacara a pasear .../que recogiera .../que mantuviera con llave .../que limpiara la casa .../que ... lo/le llamara .../que no le dijera a su jefe dónde estaba.

34 *Asking and giving personal information*

1

(a) Me llamo (nombre). (b) Soy (nacionalidad). (c) Soy de (ciudad o pueblo). (d) Nací en (lugar) el (fecha). (e) Estoy casado/a/soltero/a. (f) Soy (profesión u ocupación).

2

(a) ¿Cómo se llama usted? (b) ¿Qué nacionalidad tiene? (c) ¿De dónde es? (d) ¿Dónde/Cuándo nació? (e) ¿Está soltero/a o casado/a? (f) ¿Cuál es su profesión?/¿A qué se dedica?

3

(a) ¿Cómo te apellidas?/¿Cuál es tu apellido? (b) ¿Qué nacionalidad tienes? (c) ¿De dónde eres? (d) ¿Dónde naciste? (e) ¿Cuántos años/Qué edad tienes? (f) ¿Estás casada o soltera? (g) ¿A qué te dedicas?/¿En qué trabajas?

4

... es de Valparaíso, Chile./Nació el 21 de mayo de 1958./Vive en Santiago de Chile./Está casado./Es arquitecto, y trabaja como jefe de obras en Constructora Pax.

5

(a) He is a waiter. (b) He is working as a waiter (temporarily). (c) He is acting as a waiter.

35 *Identifying people, places and things*

1

No, no soy Pat Wilson. Soy (nombre). ¿Quién es usted?/¿Es usted español?/Yo soy (nacionalidad).

2

... éste es Raúl .../... ésta es Isabel ...

3

¿Cuál es su maleta?/La negra ... la azul./Y este maletín .../Sí, es mío.

4

(a) ¿Es éste su/tu pasaporte? (b) ¿Cuál es su/tu equipaje? (c) ¿Cuáles son sus/vuestras cosas? (d) ¿Es ésa/ésta la habitación de Marta? (e) ¿Cuál es su/vuestra casa? (f) ¿Qué es esto? (g) ¿Quién es ese señor? (h) ¿Quiénes son esos chicos?

36 *Describing people, places and things*

1 Mido un metro sesenta, soy delgada, tengo ojos marrones y pelo negro. Soy morena, llevo un vestido color rosa, zapatos y bolso blancos y llevo unas gafas redondas y pequeñas.

2 Follow model above.

3 Tiene . . ., mide . . ., es . . ., tiene . . ., lleva . . .

4 ¿Cómo eran los ladrones? (1) era. (2) tenía. (3) tenía. (4) llevaba. (5) estaba. (6) llevaba. (7) tenía.

5 (1) era. (2) tenía. (3) era. (4) tenía. (5) tenía. (6) era. (7) tenía. (8) era. (9) llevaba. (10) estaba. (11) llevaba. (12) vestía.

6 Follow model above.

7 P. ej.: Soy alegre y extrovertido. Tengo una personalidad fuerte y tengo sentido del humor.

8 (1) está. (2) es. (3) tiene. (4) está. (5) es. (6) está. (7) hay. (8) están. (9) son. (10) hace. (11) hace. (12) es. (13) hay. (14) son.

9 Era un coche marca Peugeot, modelo 404. Era de color verde oscuro y tenía la matrícula BA 5412 XH. Tenía abolladuras en un costado, estaba descolorido y sucio y tenía el parabrisas roto.

37 *Making comparisons*

1 P. ej.: (a) David es mayor que Elena. (b) Elena es más delgada que David. (c) Elena es tan alta como David. (d) Elena tiene tantos hijos como David. (e) Elena trabaja tantas horas como David. (f) David gana menos dinero que Elena. (g) David tiene menos vacaciones que Elena. (h) Elena habla más idiomas que David. (i) Elena habla inglés mejor que David.

2 (b) Costa Rica tiene menos habitantes que Honduras. (c) Honduras tiene más analfabetismo que Costa Rica. (d) Costa Rica tiene tantos periódicos como Honduras. (e) Costa Rica tiene más canales de televisión que Honduras. (f) Honduras produce más azúcar que Costa Rica. (g) Costa Rica exporta más azúcar que Honduras. (h) Honduras importa más combustibles que Costa Rica.

3 (b) El apartamento de la calle Fontana es el más grande. (c) El apartamento de la calle Salvador es el más céntrico. (d) El apartamento de la calle Fontana es el más cómodo. (e) El apartamento de la calle Clavel es el más seguro. (f) El apartamento de la calle Salvador es el más tranquilo.

4 (a) de. (b) que. (c) que. (d) de. (e) a. (f) que. (g) que. (h) de.

38   *Expressing existence and availability*

1   (a) había. (b) habrá. (c) hubo/había/hubo. (d) ha habido/ha habido. (e) hubo/hubo. (f) haya. (g) hubiera/hubiese. (h) haber.

2   (1) hay. (2) está. (3) hay. (4) hay. (5) está. (6) hay.

3   (1) hay. (2) son. (3) somos. (4) hay. (5) está.

39   *Expressing location and distance*

1   (a) F. (b) F. (c) V. (d) F. (e) F. (f) V.

2   P. ej.: La sala está en la planta baja, al fondo, enfrente del despacho. El baño 2 está en el primer piso, entre el dormitorio de Andrés y el cuarto de huéspedes.

3   (a) . . . se encuentra en . . . (b) . . . se halla en . . . (c) . . . está situada a . . . (d) . . . se encuentra . . . (e) . . . se hallaba . . . (f) . . . se encontraba . . . (g) . . . se hallaban . . . (h) Se encontraban . . .

4   (a) ¿Dónde está tu casa? (b) ¿A qué distancia está? (c) ¿Dónde es la fiesta? (d) ¿Dónde está la oficina de Paco? (e) ¿Está cerca? (f) ¿Dónde estabais? (g) ¿Dónde fue la reunión? (h) ¿Dónde será la manifestación?

5   (1) será. (2) está. (3) estaré. (4) será. (5) está. (6) está.

40   *Expressing possessive relations*

1   (1) mío. (2) su. (3) nuestra. (4) nuestras. (5) su. (6) nuestra. (7) sus. (8) sus. (9) su. (10) su. (11) su.

2   (a) suya/mía/de. (b) su/mío/el mío. (c) su/mío.

3   (1) tu. (2) tu. (3) mía. (4) mi. (5) nuestra. (6) nuestros. (7) vuestra. (8) mi. (9) el suyo. (10) nuestros. (11) mi. (12) el tuyo. (13) tuyas. (14) sus.

4   (a) ¿De quién es esa casa? (b) Es del señor R. (c) ¿De quién eran las joyas? (d) Eran de mi abuela materna. (e) ¿De quién son estos terrenos? (f) Son de la familia Morales. (g) ¿De quién eran aquellas propiedades? (h) Eran de unos parientes de mi mujer.

5   (a) Me duelen los pies. (b) Me duele la espalda. (c) Tenía su propia habitación. (d) Tienen sus propios problemas. (e) Lo compró con su propio dinero. (f) Este edificio era propiedad de la universidad pero ahora pertenece al ayuntamiento.

41 *Expressing changes*

1 (b) quedó. (c) se hizo. (d) se volvió. (e) llegó a ser.

2 (1) se había hecho. (2) se había puesto. (3) había quedado. (4) se había puesto. (5) había quedado. (6) había quedado.

3 (a) Cristina quedó/se quedó huérfana a los seis años. (b) Juan se puso muy pálido cuando oyó la noticia. (c) Se puso a nevar en cuanto salimos. (d) Se hicieron famosos con su espectáculo. (e) Después de unos días en el trabajo Pablo se volvió/puso muy perezoso. (f) Mi jefe se está poniendo insoportable. (g) Se puso a llorar cuando le dijimos lo que había pasado. (h) Nuestro padre se ha hecho muy viejo. (i) Se fue a vivir a China y se hizo budista. (j) A la edad de cincuenta años Francisco quedó/se quedó viudo.

42 *Describing processes and results*

1 (1) se cosecha. (2) se transporta. (3) se selecciona. (4) se embala. (5) (se) pone. (6) se envía. (7) se embarca. (8) (se) despacha.

2 (1) cosechan. (2) la transportan. (3) la seleccionan. (4) la embalan. (5) (la) ponen. (6) la envían. (7) la embarcan. (8) (la) despachan.

3 (2) las cortas. (3) las fríes. (4) bates. (5) sacas. (6) las mezclas. (7) pones. (8) echas. (9) la das vuelta. (10) la cocinas.

4 Follow model in Exercise 3.

5 (a) El mar del Sur, hoy llamado Océano Pacífico, fue descubierto por V.N. de B. en 1513. (b) México fue conquistado por ... en ... (c) La ciudad de Lima fue fundada por ... en ... (d) Tejas fue ocupado por ... en ... (e) Tejas fue anexionado por ... en ... (f) M. de A. fue designado emperador de Méjico por ... en ... (g) M. de A. fue fusilado por ... en ... (h) Los españoles fueron derrotados por ... en ...

6 (a) Ya están hechas. (b) Ya están puestas. (c) Ya está arreglado. (d) Ya están peladas. (e) Ya está envuelto. (f) Ya está abierta. (g) Ya está encendida. (h) Ya está puesta.

43 *Expressing cause, effect and purpose*

1 (a) – (4) y (9). (b) – (3) y (8). (c) – (1) y (12). (d) – (5) y (10). (e) – (2) y (7). (f) – (6) y (11).

2 (a) Como no habla español, necesitará ... (b) No tienen coche, así que tendrán que ... (c) Había mucha niebla, por eso el avión ... (d) El coche estaba en muy mal estado, por lo tanto tuvimos que ... (e) No pude llamarte porque no tenía ... (f) Como no llevábamos un plano de la ciudad, nos perdimos. (g) Era obvio que no quería verme, de manera que preferí . . . (h) El ordenador/computador no funciona, así que tendré que . . .

3 (b) . . . para bajar de peso. (c) . . . para pedir un aumento. (d) . . . para oír mejor. (e) . . . para felicitarla. (f) . . . para preguntar. (g) . . . para lavarla. (h) . . . para no despertarlo/le.

4 (b) . . . para que la reparen. (c) . . . para que la leas. (d) . . . para que se den prisa. (e) . . . para que no te mojes. (f) . . . para que lo entendiera. (g) . . . para que se despertara. (h) . . . para que no se perdieran.

5 (a) We hid ourselves, so they couldn't find us. (b) We hid ourselves so that they couldn't find us. (c) We informed them of our arrival so that they would come and meet us at the airport. (d) We informed them of our arrival, so they came to meet us at the airport. (e) I've told him so that he knows what's happening. (f) I've told him, so he knows what's happening. (g) We have a room for you, so you can stay as long as you want. (h) We have a room for you so that you may stay as long as you want.

6 (1) debido a. (2) razón por la que. (3) a fin de que. (4) para. (5) por motivos. (6) puesto que.

44 Expressing knowledge

1 (a) nos conocimos. (b) supo. (c) sabía. (d) conocí. (e) conozcas. (f) se conocieron. (g) sabía. (h) supiera.

2 (a) ¿Sabías que Carmen y Rodrigo se casaron? (b) No lo/le conozco personalmente, pero sé que es conocido en la ciudad. (c) ¿No sabes nadar? Conozco a alguien que podría enseñarte. (d) ¿No conoces a Pablo? Nos conocemos desde hace años. (e) Bernarda sabe dónde los puedes comprar. (f) Yo no conocía México hasta que fui enviado allí por mi compañía. (g) En cuanto oí su voz supe que era ella. (h) ¿Conoce usted algún buen hotel por aquí? – Sé que el Plaza es muy bueno.

45 Saying whether one remembers or has forgotten something or someone

1 (a) Recuérdame que tengo que ir al banco. (b) . . . llevar la ropa a la lavandería. (c) . . . comprar postales y rollos de fotos. (d) . . . devolver los libros a la biblioteca. (e) . . . llamar a mi madre. (f) . . . echar unas cartas. (g) . . . llevar la cámara para que la reparen. (h) . . . confirmar el vuelo de regreso.

2 (a) te acuerdas de/recuerdo. (b) recuerdo. (c) se acuerda. (d) recuerda. (e) recuerdo. (f) se acordó de. (g) recuerdo. (h) recuerdas.

3 (a) ¿Te has acordado de comprar el vino para la cena? (b) ¿Te has acordado de sacar dinero . . .? (c) ¿Te has acordado de decirle al electricista . . .? (d) ¿Te has acordado de devolverle el martillo . . .? (e) ¿Te has acordado de hacer . . .? (f) ¿Te has acordado de escribirles a . . .?

4 (a) ¿Recuerdas el día de nuestra boda? (b) ¿Recuerdas que hacía un tiempo maravilloso? (c) ¿Recuerdas nuestra luna de miel? (d) ¿Recuerdas que el hotel estaba a orillas de un lago? (e) ¿Recuerdas el viaje de regreso a casa? (f) ¿Recuerdas la fiesta de bienvenida que nos dieron nuestros amigos?

5 (a) No te olvides de traer . . . (b) Olvidamos invitar a . . . (c) . . . Otra vez me he dejado . . . (d) . . . La he olvidado . . . (e) ¿. . . o ya te has olvidado de él? (f) No te olvides de . . . (g) Ayer dejé . . . (h) Lo mejor es olvidarse de todo. . . .

46 *Expressing obligation and duty*

1 (a) Tengo que limpiarla. (b) Tengo que lavarla. (c) Tengo que plancharlas. (d) Tengo que fregarlos/lavarlos (L. Am.). (e) Tengo que tirarlas/cambiarlas. (f) Tengo que cortarlo. (g) Tengo que apagarla. (h) Tengo que cerrarla.

2 (a) Anteayer tuve que limpiar la casa. (b) Ayer tuve que arreglar el coche. (c) Hoy tengo que hacer mis deberes. (d) Mañana tendré que preparar un examen. (e) La semana pasada tuvimos que hacer horas extras. (f) El sábado pasado tuvimos que escribir un informe. (g) Mañana tendremos que presentar el informe al jefe. (h) Pasado mañana tendremos que asistir a una conferencia.

3 (a) Anteayer tuvo que . . . (b) Ayer tuvo que . . . (c) Hoy tiene que . . . (d) Mañana tendrá que . . . (e) La semana pasada tuvieron que . . . (f) El sábado pasado tuvieron que . . . (g) Mañana tendrán que . . . (h) Pasado mañana tendrán que . . .

4 P. ej.: (a) Tuve que trabajar/estudiar. (b) Tengo/tendré que escribir un informe/examinarme de español.

5 (a) ¿De verdad tengo que beber menos? (b) ¿. . . tengo que bajar mi nivel de colesterol? (c) ¿. . . tendré que consumir menos grasas? (d) ¿. . . debo hacer más ejercicio? (e) ¿. . . tengo que trabajar menos? (f) ¿. . . tendré que controlarme periódicamente?

6 (a) Deberían ascenderlo/le. (b) Deberían haberlo/le ascendido. (c) Deberían aceptarlas. (d) No deberían haberlas rechazado. (e) (No) debería renunciar. (f) Debería haberlo dejado. (g) Deberían dártelos. (h) Deberían habértela dado.

47 Expressing needs

1 (1) necesita. (2) necesito. (3) tengo que. (4) hace falta. (5) hace falta.

2 (a) Gracias, no es necesario que la cierres. (b) ... no hace falta que me lo digas. (c) ... no es necesario que la enciendas. (d) ... no hace falta que me ayudes. (e) ... no hace falta que nos esperéis. (f) ... no es necesario que nos la sirva(s). (g) ... no hace falta que te quedes conmigo. (h) ... no es necesario que vengáis.

3 (a) ¿Necesita algo, señor? (b) ¿Me necesita? (c) ¿Qué necesita? (d) ¿Necesita un taxi? (e) ¿Necesita dejar su equipaje en la recepción? (f) ¿Necesita que lo/le despierte mañana?

48 Expressing possibility and probability

1 (a) En Madrid es probable que haga sol. (b) En Roma es posible que esté nublado. (c) En París puede que llueva. (d) En Londres quizá haya neblina. (e) En Francfort probablemente haga/hará viento. (f) En Moscú es muy probable que nieve.

2 (a) ¿Se habrá equivocado de hora? (b) ¿Habrá tenido algún contratiempo? (c) ¿Habrá perdido el tren? (d) ¿Habrá tenido un accidente? (e) ¿Habrá cambiado de opinión? (f) ¿Habrá decidido no venir? (g) ¿Se habrá enfadado conmigo? (h) ¿Se habrá ido directamente al cine?

3 (a) ... se haya equivocado de hora. (b) ... haya tenido algún contratiempo. (c) ... ha perdido/perdió el tren. (d) ... haya tenido un accidente. (e) ... haya cambiado/cambió de opinión. (f) ... haya decidido/decidió no venir. (g) ... se haya enfadado/se ha enfadado conmigo. (h) ... se ha ido/se fue directamente al cine.

4 (a) estarás. (b) debe (de). (c) tendría. (d) habrá. (e) debe (de). (f) habría. (g) se lo habrá dicho. (h) costará.

49 Expressing certainty and uncertainty

1 (b) ... disminuya. (c) disminuirá. (d) continuarán. (e) mejoren. (f) se pueda (derrotar). (g) convocará. (h) ganen.

2 *Examples*: (a) Tal vez mejore/mejorará. (b) No creo que se reduzca. (c) Me parece que sí. (d) Supongo que sí. (e) Quizá lo encuentre/encontraré. (f) Creo que sí.

3 (1) fue. (2) haya sido/fuera. (3) ha sido/fue. (4) entró. (5) haya entrado. (6) lo hizo. (7) tenía. (8) conocía. (9) fue. (10) sabe. (11) está/estaba. (12) tiene que/tendrá que.

4 (1) has. (2) pueda/podré. (3) iré. (4) pueda. (5) se quede/se quedará. (6) llamaré. (7) haya.

50 *Expressing supposition*

1

(a) Si te dijera . . ., ¿de verdad no se lo contarías a nadie? (b) Si no quisieran . . ., ¿qué harías? (c) Si el técnico no te trajera . . ., ¿cómo harías . . .? (d) Si Pepe no estuviera dispuesto . . ., ¿a quién le pedirías ayuda? (e) Si no pudierais encontrar . . ., ¿qué haríais? (f) Si no hubiera entradas . . ., ¿adónde iríais? (g) Si no tuvieran mesas . . ., ¿dónde cenaríais? (h) Si Elena no supiera . . ., ¿cómo podríais conseguirla?

2

(b) . . . que no estén allí. (c) . . . que no encontremos habitaciones. (d) . . . que no haya un camping cerca de la ciudad. (e) . . . que haga frío o que llueva. (f) . . . que el tiempo cambie. (g) . . . que yo me resfríe. (h) . . . que no podamos volver.

3

(a) Debe (de) haber tenido . . . (b) Debe (de) haber sufrido . . . (c) Debe (de) estar cuidando a . . . (d) Debe (de) haberse ofendido . . . (e) Debe (de) haber decidido tomarse . . . (f) Debe (de) estar trabajando . . . (g) Debe (de) llegar . . . (h) Debe (de) haber tenido . . .

51 *Expressing conditions*

1

(a) – (3). (b) – (7). (c) – (5). (d) – (1). (e) – (8). (f) – (4). (g) – (2). (h) – (6).

2

(a) Si tuviera mucho dinero, viajaría por el mundo. (b) Si ganara la lotería, no trabajaría más. (c) Si fuera millonaria, ayudaría a los pobres. (d) Si fuéramos ricos, compraríamos una gran casa en el campo. (e) Si me tocara el gordo en la lotería, daría la vuelta al mundo. (f) Si recibiéramos una gran cantidad de dinero, nos pondríamos muy contentos.

3

P. ej.: Si ganara una gran cantidad de dinero en la lotería viajaría mucho, me compraría una gran casa, no trabajaría más, etc.

4

(a) Si se hubiera puesto repelente . . . no la habrían/hubieran picado . . . (b) Si no hubiera comido . . . no se habría/hubiera intoxicado. (c) Si no hubiera dejado . . . no se lo habrían/hubieran robado. (d) Si no hubiera perdido . . . no habría/hubiera tenido que pedir . . . (e) Si no hubiera olvidado . . . no se habría/hubiera bañado . . . (f) Si no se hubiera bañado . . . la policía no la habría/hubiera detenido. (g) Si no hubiera bebido tanto, no se habría/hubiera emborrachado. (h) Si no se hubiera puesto a cantar . . . no la habrían/hubieran echado . . .

5

(a) . . ., siempre y cuando no se lo digas . . . (b) . . ., con tal (de) que me ayudéis . . . (c) . . ., a condición de que me lo traigas . . . (d) . . ., con la condición de que me pague . . . (e) . . ., siempre que aumenten . . . (f) . . ., siempre y cuando me lo comuniques. (g) . . ., con tal (de) que me lo cuidéis . . . (h) . . ., a condición de que volvamos . . .

52 *Expressing contrast*

1 (1) pese a/a pesar de. (2) aunque. (3) pese a. (4) sin embargo. (5) pero/aunque.

2 (a) He/she doesn't know any English and even so they hired him/her. (b) Even if I starve I won't accept his/her help. (c) It was not your fault, but even so I think you must apologize. (d) Even if I knew it, I wouldn't tell you. (e) Although the salary is not bad, the job is very dull. (f) Ana speaks perfect English, despite not having ever been to an English-speaking country. (g) I'll buy it although it costs a lot of money. (h) I'll buy it even if it costs a lot of money.

3 (a) Aunque no sabe nada de inglés la contrataron. (b) Aunque me muera de hambre no aceptaré su ayuda. (c) Aunque no fue culpa tuya, creo que debes disculparte. (d) Aunque lo supiera, no te lo diría. (e) Aunque el sueldo no está mal, el trabajo es muy monótono. (f) Habla perfectamente inglés, aunque no ha estado nunca en un país de habla inglesa.

4 (1) pese a/a pesar de. (2) si bien. (3) sin embargo. (4) pero. (5) a pesar de/pese a. (6) no obstante.

53 *Expressing capability and incapability*

1 (a) No entiendo por qué lo hizo. (b) ¿Me oyen allí atrás? (c) Desde donde estaba sentado no veía nada. (d) Está inconsciente. No siente nada. (e) Tuvimos que comunicarnos en inglés ya que él no hablaba español. (f) ¿Sabes tocar la guitarra? (g) Me temo que no sé nadar. (h) Hablé lentamente para que me entendiera/me pudiera seguir.

2 (a) Sabe tocar la flauta. (b) Puede correr cien metros en un minuto. (c) Sabe conducir. (d) Puede ayudar a sus hermanos con sus deberes. (e) Sabe leer y escribir. (f) Puede arreglárselas sola.

3 (a) ¿Hablas inglés? (b) ¿Cuántos idiomas hablas? (c) ¿Entiendes mi español? (d) ¿Podrías ayudarme con mi español? (e) ¿Podrías traducirme algo? Yo no pude hacerlo. (f) ¿Entiendes mi letra?

54 *Giving and seeking permission to do something*

1 (a) ¿Le importa que fume? (b) ¿Puedo usar/Me dejas tu crema para el sol? (c) ¿Me permite usar su teléfono? (d) ¿Le importa que abra la ventana? (e) ¿Se puede? (f) ¿Me permite/Puedo usar el lavabo/el baño? (g) ¿Me dejas (usar)/prestas tu bolígrafo? (h) Permítame que le ayude.

2 (a) ¿... utilice tu coche? (b) ¿... me ponga tu collar de perlas? (c) ¿... usar tu perfume francés? (d) ¿... abrir la caja de bombones ...? (e) ¿... beber un poco ...? (f) ¿... que me lleve tu televisión ...? (g) ¿... invitar a unos amigos ...? (h) ¿... que me quede ...?

3 (a) No se puede/Está prohibido. (b) Vale/Bueno/Sí. (c) Está bien. (d) Adelante. (e) Sí, dígame. (f) Vale/Bueno/Sí. (g) Está bien/Vale. (h) No se puede/Está prohibido.

55 *Asking and giving opinions*

1 (a) ¿Qué te pareció mi hermano? (b) ¿Qué te parecieron los amigos . . .? (c) ¿Qué te pareció el restaurante . . .? (d) ¿Qué te pareció el museo . . .? (e) ¿Qué te pareció el concierto . . .? (f) ¿Qué te parecieron las tiendas . . .? (g) ¿Qué te parecieron mis compañeros . . .? (h) ¿Qué te pareció el parque . . .?

2 (a) ¿Qué piensa usted sobre la restricción vehicular para . . .? (b) ¿Qué le parece el plan de . . .? (c) ¿Qué opina usted sobre el control de . . .? (d) Quisiéramos conocer su opinión sobre . . . (e) ¿Cuál es su opinión sobre la imposición de . . .? (f) ¿Qué le parece la actitud del gobierno con respecto a . . .? (g) ¿Qué opina sobre la acción de Greenpeace para . . .? (h) ¿Que piensa sobre la actuación de los grupos que . . .?

3 (a) No creo que el plan de saneamiento de las playas sea el más adecuado. (b) No me parece que haya suficiente control . . . (c) Creo que urge el traslado . . . (d) Creo que es necesario imponer multas . . . (e) . . ., no creo que la actitud del gobierno tenga sentido. (f) No me parece que la acción de Greenpeace haya sobrepasado . . . (g) Creo que la actuación de los grupos que defienden los derechos de los animales tiene . . .

4 (1) a mi parecer/a mi juicio/en mi opinión. (2) considero/pienso. (3) en mi opinión. (4) pienso/considero. (5) a mi juicio/a mi parecer/en mi opinión.

56 *Expressing agreement and disagreement*

1 (a) Desde luego. (b) Vale. (c) Tienes razón. (d) Cierto. (e) Bueno. (f) Efectivamente. (g) Vale. (h) Tiene usted razón.

2 (a) No creo. (b) ¡Qué va! (c) No estoy de acuerdo. (d) ¿Tú crees? (e) ¡Cómo que soy un perezoso! (f) ¡De ninguna manera! (g) No estoy seguro. (h) No es cierto.

3 (1) ¿Está usted de acuerdo . . .? (2) ¿No le parece? (3) Si le parece bien . . . (4) . . . si le parece inconveniente . . . (5) . . . me parece . . .

57 *Expressing desires and preferences*

1 (1) quieres. (2) no me apetece. (3) tengo ganas de. (4) preferiría. (5) prefiero.

2 ¿Te apetece ver televisión?/¿Qué tipo de programas prefieres?/Tengo ganas de ver una película./Preferiría ver la película de aventuras.

3 Tengo ganas de ir a la playa este fin de semana, pero no quiero ir solo/a. Preferiría que me acompañaras tú. Sé que querías trabajar, pero puedes venir conmigo si quieres. Te llamaré esta noche después de cenar.

4 (a) estés. (b) vinierais. (c) lo pusierais. (d) nos traigais. (e) vayas. (f) se lo dijeras. (g) nos lo dierais. (h) la pintaras.

58 Expressing likes and dislikes

1 (b) Me gusta nadar y jugar al tenis, pero no me gusta jugar al fútbol. (c) Me gusta salir con amigos, pero no me gusta beber. (d) Me gusta ir al cine e ir a conciertos, pero no me gusta ir al teatro.

2 (b) A Simón le gusta nadar y jugar al tenis, pero no le gusta jugar al fútbol. (c) Le gusta salir con amigos, pero no le gusta beber. (d) Le gusta ir al cine e ir a conciertos, pero no le gusta ir al teatro.

3 Use Exercise 1 as a model.

4 Cecilia: No me gusta nada la cocina. Me encantan los deportes. No me gustan los espectáculos. Me gustan las fiestas. No me gusta nada la lectura. Me encanta la música. Me gusta la televisión. Ignacio y Cristina: Nos gusta la cocina. No nos gustan nada los deportes. Nos gustan los espectáculos. Nos encantan las fiestas. No nos gusta la lectura. Nos gusta la música. No nos gusta nada la televisión.

5 P. ej.: A Cecilia no le gusta nada la cocina. Le encantan los deportes . . . A Ignacio y Cristina les gusta la cocina. No les gustan nada los deportes.

6 P. ej.: Me gusta/encanta el baile y la música. La televisión y la cocina no me gustan nada.

7 (a) ¿Te gusta ir a museos? (b) ¿Te gusta el cine? (c) ¿Qué tipo de películas te gustan? (d) ¿Te gustan los deportes? (e) ¿Qué deportes te gustan más? (f) ¿Te gusta ver la televisión? (g) ¿Qué programas te gustan más? (h) ¿Te gusta escuchar música?

8 (1) te. (2) mí. (3) me. (4) a. (5) mí.(6) no. (7) gustan. (8) a. (9) mí. (10) gustó. (11) no. (12) gustó. (13) gustaron.

9 (a) se fije. (b) hable. (c) sea. (d) haga. (e) se preocupen. (f) se comporten. (g) se ría. (h) traiga.

10 Use as a model Exercise 9.

59 *Expressing surprise*

1 (a) ¿De veras? (b) ¡Dios mío! (c) ¡Qué bien! (d) ¡No puede ser! (e) ¡Vaya sorpresa! (f) ¡No me digas! (g) ¡Qué raro! (h) ¡Hombre!

2 (a) ¡Qué sorpresa!/¡Vaya sorpresa! (b) ¡No me digas!/¡No puede ser! (c) ¡Hombre!/¡Qué bien! (d) ¡Qué raro/extraño!

3 (a) ¡... Lola no me haya llamado ...! (b) ¡... que su carta llegara con tanto retraso! (c) ¡... todavía estés trabajando! (d) ¡... seas tan inmaduro! (e) ¡... seas tan irresponsable! (f) ¡... no sepa comportarse! (g) ¡... aún no haya terminado! (h) ¡... que no le dieran/hayan dado mi recado!

60 *Expressing satisfaction and dissatisfaction*

1 (a) – (4). (b) – (8). (c) – (5). (d) – (1). (e) – (7). (f) – (2). (g) – (6). (h) – (3).

2 Muchas gracias por tu regalo. Es estupendo. Me gusta mucho y es justamente lo que necesitaba.

3 (a) ¿Es esto lo que quiere? (b) ¿Es esto lo que buscaba? (c) ¿Qué le parece? (d) ¿Le gusta? (e) ¿Está conforme?

61 *Expressing approval and disapproval*

1 (a) No deberías habérselo dicho. (b) No deberías mudarte. (c) No deberías ponértelo. (d) No deberías haberte peleado con ella. (e) No deberías haberlo gastado todo. (f) No deberías haber faltado. (g) No deberías decírselo. (h) No deberías hacerlo.

2 (b) No deberías haber bebido tanto. (c) No deberías haberte gastado todo el dinero. (d) No deberías haber vuelto tarde. (e) No deberías haberte levantado a las 10.00. (f) Deberías haberle pedido disculpas. (g) No deberías haberle contestado mal. (h) No deberías haberle dicho lo que pensabas de él.

3 (b) ¡Estupendo! (c) ¡Muy bien! (d) ¡Excelente! (e) ¡Fantástico! (f) Perfecto.

62 *Expressing hope*

1 (a) Espero que no la vendan. (b) Espero que no lo reduzcan. (c) Espero que no nos despidan. (d) Espero que no nos obliguen. (e) Espero que no los perdamos. (f) Espero que no te lo rebajen. (g) Espero que no me lo quiten. (h) Espero que no las desoigan.

2 (a) ... te mejores. (b) ... tengas suerte. (c) ... lo pasen bien. (d) ... las encuentre. (e) ... tenga éxito. (f) ... seais muy felices. (g) ... duermas bien. (h) ... me escribas.

3 (1) hayáis disfrutado. (2) hayáis descansado. (3) vengais. (4) cumpla. (5) tomarme. (6) se oponga.

4 (b) Yo esperaba que fuera más delgado. (c) Yo esperaba que se expresara mejor. (d) Yo esperaba que estuviera más interesado en mí. (e) Yo esperaba que pusiera más interés en lo que yo le decía. (f) Yo esperaba que supiera más de música. (g) Yo esperaba que tuviera más que decir. (h) Yo esperaba que me dijera más sobre él.

63 Expressing sympathy

1 (a) ... hayas llegado tarde ... (b) ... tu jefe se haya puesto furioso ... (c) ... te hayan echado ... (d) ... estés otra vez ... (e) ... te hayan robado ... (f) ... te hayas torcido ... (g) ... no puedas andar. (h) ... no puedas salir ...

2 (a) Me alegro de que te hayan ofrecido ... (b) Me alegro de que hayas encontrado ... (c) Me alegro de que Alberto te haya propuesto ... (d) Me alegro de que hayas ganado ... (e) Me alegro de que te hayas comprado ... (f) Me alegro de que hayas logrado aprobar ... (g) Me alegro de que hayáis salido ... (h) Me alegro de que lo hayáis pasado bien.

3 (a) Mi más sentido pésame. (b) ¡No sabes cuánto me alegro! (c) ¡Cuánto lo siento! (d) ¡Me alegro! (e) ¡Lástima! (f) ¡Lo siento tanto!

64 Apologizing and expressing forgiveness

1 (a) Perdone. (b) Lo siento mucho. (c) No importa, no te preocupes. (d) Perdona. (e) Está bien, no se preocupe. (f) Perdónanos.

2 (b) ... no haber venido a tu fiesta. (c) ... lo/le moleste. (d) ... no poder acompañarte. (e) ... no te haya llamado. (f) ... no haber podido asistir/venir a la última clase. (g) ... que lo/le haya molestado. (h) ... me haya llevado tu paraguas.

3 (a) Perdone/Disculpe que haya llegado tarde, pero perdí el tren. (b) Perdona/Disculpa que no te haya traído el diccionario, pero se me olvidó/lo olvidé. (c) Perdone/Disculpe que no lo/le haya saludado, pero no lo/le vi. (d) Perdone/Disculpe que no pueda asistir a la reunión, pero no me siento bien. (e) Perdona/Disculpa que no venga a la fiesta de fin de año, pero tengo un compromiso anterior. (f) Perdona/Disculpa que no pueda llevar te a la estación, pero mi coche está en el garaje. (g) Perdone/Disculpe que no le haya avisado que faltaría al trabajo, pero mi teléfono no funciona. (h) Perdone/Disculpe que no haya podido llegar a tiempo, pero el vuelo se retrasó.

65 Expressing fear and worry and enquiring about fear and worry

1 (a) – (5). (b) – (7). (c) – (3). (d) – (1). (e) – (8). (f) – (6). (g) – (2). (h) – (4).

2 (c) Temo haber cometido ... (d) Temo no haber demostrado ... (e) Temo no haber mantenido ... (f) Tengo miedo de que mi jefe se moleste. (g) Tengo miedo de que me echen del trabajo. (h) Tengo miedo de perder mi puesto.

3 P. ej.: (a) ¿... la oscuridad? (b) ... hacer el ridículo. (c) ¿... se sepa la verdad? (d) ... fracasar. (e) ... no las aceptaran en la universidad. (f) ... salir de noche. (g) ... al mar. (h) ... su salud.

66 Expressing gratitude and responding to an expression of gratitude

1 (a) Le agradezco mucho que me haya llamado. (b) Le agradezco mucho que me haya ayudado. (c) Le agradecemos mucho que nos haya escuchado. (d) Le agradecemos mucho que nos lo haya traído. (e) Le agradezco mucho que me lo haya dicho. (f) Le agradezco mucho que haya hecho lo que le pedí. (g) Le agradezco mucho que me haya escrito. (h) Le agradecemos mucho que nos haya devuelto el dinero.

2 P. ej.: (a) Le agradezco/agradecemos mucho el haberme/nos llamado/escuchado.

3 Muchas gracias por el disco. Te agradezco mucho que te hayas acordado de enviármelo. Eres muy amable.

67 Giving advice and making suggestions

1 (c) iría. (d) la aceptas. (e) me quedaría. (f) saldría con él. (g) lo compras. (h) lo haría.

2 (a) llevar. (b) sacas. (c) vacunaras. (d) te pongas. (e) comieras. (f) hiervas. (g) cortar. (h) avisaría.

3 (a) – (3). (b) – (5). (c) – (8). (d) – (1). (e) – (7). (f) – (4). (g) – (2). (h) – (6).

4 (a) Te aconsejo que no bebas tanto. (b) Te sugiero que seas más puntual. (c) No conduzcas tan rápido/Conduce más despacio. (d) Os aconsejo que no gastéis tanto dinero. (e) No seas tan pesimista. (f) Apaga las luces/No dejes las luces encendidas. (g) Os sugiero que no habléis tanto. (h) Haz tus deberes.

68 Making requests

1 (a) Por favor, ¿me pasa esos documentos? (b) ..., ¿me busca la dirección de Electrometal? (c) ..., ¿le dice al Sr. Martínez que venga a mi despacho? (d) ..., ¿me pone con la extensión 567? (e) ..., ¿me da esa carpeta que está encima? (f) ..., ¿me tiene el informe listo para esta tarde? (g) ..., ¿me hace una fotocopia de esta solicitud? (h) ..., ¿me trae una taza de café?

2 P. ej.: ¿Podría pasarme/buscarme/decirle ...?

3   (a) Denos ... (b) Tráiganos ... (c) Pónganos ... (d) Sírvanos ... (e) Pónganos ... (f) Pásenos ...

4   (a) ¿Le importaría abrir la ventana? (b) ¿Le importaría cuidarme el equipaje? (c) ¿Le importaría pasarme mi chaqueta? (d) ¿Le importaría apagar el cigarrillo? (e) ¿Le importaría cambiarse de asiento? (f) ¿Le importaría bajarme la maleta?

5   (a) Le agradecería que nos respondiera ... (b) Le ruego despachar ... (c) Le agradecería que me mandara ... (d) Le ruego que me envíe ... (e) Le agradecería que me indicara ... (f) Le agradecería que me reservara ... (g) Le ruego que cancele ... (h) Le agradecería que cambiara ...

69   Giving directions and instructions

1   Usted cruza ... y sube por ... Usted sigue ... Allí dobla ... Sigue ... y allí tuerce ...

2   P. ej.: Usted baja por esta calle/la calle del Prado hasta la calle de León, que es la segunda calle a la derecha. Allí dobla usted a la derecha y sigue hasta la calle Lope de Vega, que es la segunda a la izquierda. En Lope de Vega gira usted a la izquierda y sigue todo recto hasta el final. Ese es el Paseo del Prado. El museo está al otro lado de la calle.

3   Siga usted todo recto hasta el semáforo y después doble a la izquierda en Church Road. Continue por Church Road hasta Elm Street, que es la tercera a la derecha, y luego suba por Elm Street hasta llegar a una plaza. El museo está al otro lado de la plaza.

4   Use as a model Exercises 1, 2 and 3 above.

5   (1) mezcla. (2) échalo. (3) pon. (4) agrega. (5) mezcla. (6) vacia. (7) añade. (8) colócalo.

6   Use as a model Exercise 5 above.

7   (a) recoge. (b) paga. (c) dile. (d) da/limpia. (e) deja. (f) no pongas. (g) no les digas. (h) llámame/no le des.

8   (a) recoja. (b) pague. (c) dígale. (d) sé/limpie. (e) deje. (f) no ponga. (g) no les diga. (h) llámeme/dele.

70   Making an offer or invitation and accepting or declining

1   (a) ¿Quieres que te sirva ...? (b) ¿Quieres que te ponga ...? (c) ¿Quieres que te traiga ...? (d) ¿Quieres que te lleve ...? (e) ¿Quiere que la despierte ...? (f) ¿Quiere que le lleve ...? (g) ¿Quiere que le dé ...? (h) ¿Quiere que le llame ...?

(a) ¿Quiere venir a comes...? (b) ¿Quieres pasar por mi despacho...? (c) ¿Quieres ir a tomar unas cervezas...? (d) ¿Quiere quedarse aquí...? (e) ¿Quieres venir...? (f) ¿Quiere acompañarnos...? (g) ¿Quieres venir a pasar...? (h) ¿Quieres quedarte...?

 P. ej.: (a) Nos gustaría que cenara con nosotros. (b) ¿Por qué no vamos al bar de la esquina? (c) ¿Quieres venir a dar un paseo por el parque? (d) ¿Quiere venir con nosotros? (e) Quisiéramos invitarlos/les a tomar una copa. (f) ¿Por qué no vienes a comer conmigo en la cafetería?

 P. ej.: El sábado es mi graduación y voy a tener una fiesta en casa de mis padres. Me gustaría mucho que estuvieras conmigo en esta ocasión. Puedes venir con tu amigo Ramón. Llámame esta noche.

P. ej.: Gracias por tu invitación. Me encantaría pasar el fin de semana contigo, pero desgraciadamente no puedo porque he invitado a unos amigos a cenar el sábado por la noche. ¿Te gustaría venir?

(a) Me encantaría. (b) Lo siento, pero no puedo. Tengo que irme a casa. (c) Con mucho gusto. Es usted muy amable. (d) No gracias, prefiero andar.

71 *Talking about the present*

 (1) escribo. (2) estoy. (3) hace. (4) está. (5) están. (6) estamos. (7) estamos. (8) es. (9) está. (10) estás.

(a) está aterrizando. (b) está bajando. (c) está saludando. (d) está tocando. (e) están intercambiando. (f) está dirigiendo. (g) está respondiendo. (h) están dirigiéndose.

(1) se levanta. (2) se ducha. (3) se mete. (4) entrena. (5) vuelve. (6) se da. (7) se va. (8) regresa. (9) se pone. (10) nada. (11) deja. (12) se pone. (13) cena. (14) suele. (15) se acuesta.

(1) me levanto. (2) me ducho. (3) me meto. (4) entreno. (5) vuelvo. (6) me doy. (7) me voy. (8) regreso. (9) me pongo. (10) nado. (11) dejo. (12) me pongo. (13) ceno. (14) suelo. (15) me acuesto.

Use as a model Exercises 3 and 4 above.

(a) ¿A qué hora sueles levantarte? (b) ¿A qué hora sales de casa? (c) ¿A qué hora vuelves normalmente? (d) ¿Fumas? (e) ¿Qué tipo de música sueles escuchar? (f) ¿Comes fuera o te preparas tus propias comidas? (g) ¿Qué sueles hacer los fines de semana? (h) ¿Te molestan los animales domésticos? Tengo un perro y un gato.

(b) ¿Cuánto tiempo llevas trabajando/hace que trabajas en B.? Llevo seis años trabajando/Hace seis años que trabajo... (c) ¿Cuánto tiempo llevas estudiando/hace que estudias inglés? Llevo cinco años estudiando/Hace cinco años que estudio... (d) ¿Cuánto tiempo llevas jugando/hace que juegas al tenis? Llevo cuatro años/Hace cuatro años que juego . . . (e) ¿Cuánto tiempo llevas practicando/hace que practicas montañismo? Llevo tres años practicando/Hace tres años que practico . . . (f) ¿Cuánto tiempo llevas tocando/hace que tocas la guitarra? Llevo dos años tocando/Hace dos años que toco . . . (g) ¿Cuánto tiempo llevas dirigiendo/hace que diriges un grupo de música rock? Llevo un año/Hace un año que dirijo . . .

8   P. ej.: (a) Llevo dos años. (b) Hace un año (que estudio español). (c) Vivo en . . . Llevo cinco años viviendo allí. (d) Sé conducir. Hace tres años que conduzco. (e) Trabajo en . . . Llevo un año trabajando allí. (f) Sí, tengo novio/a. Llevo seis meses con él/ella.

72   *Talking about the future*

1   Pensaban salir el 15 de julio, pero ahora piensan salir el 1 de agosto./Pensaban viajar en avión, pero ahora piensan viajar en barco./Pensaban quedarse en un hotel de tres estrellas, pero ahora piensan quedarse en uno de cuatro./Pensaban regresar el 1 de agosto, pero ahora piensan regresar el 15.

2   (a) ¿Adónde piensas ir este verano? (b) ¿Con quién vas a ir? (c) ¿Cuánto tiempo pensáis quedaros? (d) ¿Vais a ir a Cancún? (e) ¿Cuándo salís? (f) ¿Me enviarás una postal?

3   (a) ¿Qué vas a hacer?/¿Qué vais a hacer? (b) Voy a viajar a París./Vamos a ir a la sierra. (c) Carlos va a viajar a París./Beatriz y Alberto van a ir a la sierra./Yo voy a (quedarme en casa).

4   (a) Llegaré tarde esta noche. Voy a ir/iré a ver a un amigo que está en Madrid y después vamos a ir/iremos juntos al cine. No sé lo que haré/haremos después del cine, pero te llamaré. (b) Saldré de (ciudad) el día 4 de mayo a las 7.00 de la tarde y llegaré a Buenos Aires a las 10 de la mañana del día 5. Me quedaré en el hotel San Martín. Estaré allí dos días solamente y lo/la llamaré cuando llegue.

5   (a) vas/iré. (b) limpias/lavaré. (c) riegas/pasaré. (d) cocinaré/picas. (e) preparas/pondré. (f) lavas/plancharé. (g) das/los sacaré. (h) lavaré/arreglas.

6   (a) ahorraremos. (b) pondremos. (c) saldremos. (d) tendremos. (e) me levantaré. (f) pondré. (g) haré. (h) comeré/saldré.

7   (a) encontrarás. (b) harás. (c) conocerás/te dirá. (d) te casarás. (e) vendrá/saldrá. (f) te querrá. (g) tendréis. (h) habrá.

73   *Talking about the past*

1   (a) He hecho . . . (b) He comprado . . . (c) He tomado . . . (d) He recorrido . . . (e) Me he levantado . . . (f) Me he acostado . . . (g) He visto . . . (h) He escrito . . .

(b) hemos ahorrado. (c) hemos comprado. (d) hemos aprendido. (e) lo hemos pasado. (g) he roto. (h) he vuelto. (i) he escrito. (j) he hecho.

(a) Acabo de escribirla. (b) Todavía no la he enviado. (c) Acabo de hacerla. (d) Acabo de ponerlas. (e) Todavía no lo he mandado. (f) Acabo de devolvérsela. (g) Todavía no la he pedido. (h) Acabo de verla.

... 1916, hizo sus estudios primarios en Vigo y los secundarios en Madrid. En 1942 publicó *La familia de Pascual Duarte*. En 1944 se casó con Rosario Conde y en 1946 nació su primer hijo. En 1984 ganó el Premio Nacional de Literatura y en 1989 obtuvo el Premio Nobel.

Use as a model Exercise 5 above.

P. ej.: Nací en (ciudad) el (fecha). A la edad de seis años empecé el colegio. En 1994 terminé mis estudios secundarios y me fui a vivir a (ciudad). Allí entré en la universidad a estudiar ...

8.00 me duché. 9.00 desayuné. 9.30 me fui/llegué/hice. 11.00 vino/tuve. 13.15 fui. 14.00 hice/volví/estuve. 19.00 di/tuve/llegué.

(b) ¿Cuánto tiempo hace que os casasteis? Nos casamos hace X años. (c) ¿... tuvisteis vuestro primer hijo? Tuvimos ... hace X años. (d) ¿... comprasteis vuestra primera casa? Compramos ... hace X años. (e) ¿... nació vuestro segundo hijo? ... nació hace X años. (f) ¿... montasteis vuestra propia empresa? Montamos ... hace X años. (g) ¿... os mudasteis de casa? Nos mudamos ... hace X años. (h) ¿... os divorciasteis? Nos divorciamos hace X años.

P. ej.: Llegué a este colegio/esta universidad hace dos años./Empecé a estudiar español hace un año.

(a) Ha estado leyendo ... (b) Ha estado estudiando ... (c) Han estado discutiendo ... (d) He estado escribiendo ... (e) Estuvimos bailando ... (f) Estuvimos/estuve charlando ... (g) Estuvieron bebiendo ... (h) Estuvo esperando ...

(a) ayudaba a ... (b) me levantaba ... (c) hacía ... (d) sacaba ... (e) llegaba ... (f) reñía ... (g) mentía ... (h) discutía ...

(a) era. (b) respetaba. (c) eran. (d) se preocupaban. (e) estaban. (f) había/podía. (g) conducía. (h) nos divertíamos.

(1) se levantó. (2) se duchó. (3) desayunó. (4) hacía. (5) parecía. (6) iba. (7) buscó. (8) se dirigió. (9) estaba. (10) estaba. (11) tuvo. (12) eran. (13) llegó. (14) estaba. (15) vio. (16) llevaba. (17) conocía. (18) era. (19) necesitaba.

(a) estaba sirviéndole/derramé. (b) estaba bailando/la pisé. (c) estaba terminando/encontró. (d) estábamos brindando/se apagaron. (e) estaba bebiendo/se desmayó. (f) estaba tomando el sol/me mojó. (g) estaba subiendo/se abrió. (h) estaba cortando/lo/le picó.

(a) La cena ya había empezado cuando Juan llegó. (b) La fiesta ya había comenzado cuando Juan apareció. (c) Los invitados ya se habían marchado cuando Juan se presentó. (d) Ya me había ido cuando Juan apareció. (e) El tren ya había salido cuando Juan y su mujer llegaron. (f) Gloria y yo ya habíamos entrado al cine cuando Juan llegó. (g) Ana María y José ya se habían casado cuando Juan y su mujer llegaron. (h) Mi vuelo ya había llegado cuando Juan vino a buscarme.

Cross-references to Modern Spanish Grammar

Ex refers to the number of the exercise in this book; *S* to the numbered section in *Modern Spanish Grammar.*

SECTION 1

Ex	S		Ex	S		Ex	S
1			(3)	5.2		(2)	9.1
(1)	1.1					(3)	9.1, 9.3
(2)	1.5		6				
(3)	1.5		(1)	6.1, 37		10	
			(2)	37		(1)	10.1.1
2			(3)	6.1, 37		(2)	10.1.2, 10.2.2
(1)	2.1					(3)	40.4
(2)	2.4		7				
(3)	–		(1)	7.1		11	
			(2)	7.3.3		(1)	11
3			(3)	7.3.1		(2)	11
(1)	3.1		(4)	7.3.2		(3)	11
(2)	3.2		(5)	7.3.2			
						12	
4			8			(1)	12, 31.3
(1)	4.1		(1)	8.2		(2)	12, 31.3
(2)	2.7–8, 4.1–2		(2)	8.2.2		(3)	12
(3)	4.5		(3)	8.2.2.1		(4)	12.2
			(4)	8.2.1		(5)	12.1
5			(5)	8.2.1			
(1)	5.1					13	
(2)	5.2		9			(1)	13, 32.3–4
			(1)	9.1		(2)	13, 32.3–4

Ex	S	Ex	S	Ex	S
14		(11)	17.4, 17.9, 73.15	23	
(1)	14.1			(1)	23
(2)	14.1	18		(2)	23
(3)	14.1	(1)	19.2	(3)	23.3
		(2)	19.2		
15		(3)	18.1, 18.2.4	24	
(1)	15.1–2, 32.3–4	(4)	18.2.1, 43.4	(1)	24.1, 42.1
(2)	15.2–3, 32.4	(5)	18.2.2, 27.3	(2)	24.1–2
(3)	15.1	(6)	18.2.3, 51.5	(3)	24.3. 42.1, 42.3
		(7)	18.2.4, 51.1–2	(4)	24, 42.5
16		(8)	18.2.4, 51.1–2		
(1)	16.1.1.2, 16.1.2–5, 16.1.2.9	(9)	18	25	
				(1)	25
(2)	16.1.1.3, 16.1.2–4, 16.1.2.9	19		(2)	25
		(1)	19.1, 33.1–2	(3)	25.1.22–23
(3)	16.1.1.2, 16.1.2.6, 16.1.2.9	(2)	19.2	(4)	25.1.22–23
		(3)	19.1, 33.5		
(4)	16.1.1.6, 16.1.2.8			26	
(5)	16	20		(1)	26.1.1
		(1)	20.1, 71.2	(2)	26.2
17		(2)	20.2	(3)	26.2–3
(1)	17.1.1, 71.3	(3)	20.3, 71.7		
(2)	17.1.1, 71.4			27	
(3)	17.1.1, 17.4	21		(1)	27.2.2, 43.1–3
(4)	17.1.3	(1)	21.1	(2)	18.2.3, 27.2.2, 51.5
(5)	17.1.4, 68.1, 69.1	(2)	21.2, 50.3	(3)	18.2.1, 27.2.2, 43.5
(6)	17.2, 73.1–2	(3)	21.2		
(7)	17.3–4, 73.13			28	
(8)	17.3–4, 73.11, 73.13	22		(1)	28.1
(9)	17.3, 72.6–7	(1)	22, 36.8	(2)	28.2
(10)	17.7	(2)	22	(3)	28.2
		(3)	22, 39.5		

SECTION 2

Ex	S	Ex	S	Ex	S
29		30		(6)	31.1–2
(1)	29.1–3	(1)	30.1, 30.3–4, 30.7–8	(7)	31.2.2
(2)	29.2, 29.4, 29.7	(2)	30.1, 30.4, 30.8		
(3)	29.8	(3)	30.10	32	
(4)	29.8			(1)	32.3
(5)	29.8	31		(2)	32.3
(6)	29.9.2	(1)	31.1	(3)	32.3
(7)	29.9.3	(2)	31.1	(4)	32.4
(8)	29.9.3	(3)	31.2	(5)	32.4
(9)	29.9.3.5	(4)	31.2	(6)	32.2
		(5)	31.2		

Ex	S	Ex	S	Ex	S
33		40		48	
(1)	33.3.1.1	(1)	40.1.1	(1)	48.1.3, 48.1.5–6
(2)	33.3.2	(2)	40.1.1.2, 40.1.2	(2)	48.1.11
(3)	33.3.2	(3)	40.1.1	(3)	48.1.5
(4)	33.4	(4)	40.4	(4)	48.1.8, 48.1.10–12
(5)	33.3.2, 33.4	(5)	40.1.3–4, 40.2–3	49	
(6)	33.6.1	41		(1)	49.1
34		(1)	41.3–4, 41.2, 41.6–7	(2)	49.1
(1)	34.1–4, 34.6–7	(2)	41.1, 41.5, 41.7	(3)	49.1
(2)	34.1–4, 34.6–7	(3)	41.1–2, 41.4, 41.6–7	(4)	49.1
(3)	34.1–7	42		50	
(4)	34.2–4, 34.6–8	(1)	42.1.2.2	(1)	50.1.1
(5)	34.7	(2)	42.1.2.1	(2)	50.1.2
35		(3)	42.1.1	(3)	50.1.3
(1)	35.1	(4)	42.1.2.2	51	
(2)	35.1	(5)	42.1.2.3	(1)	51.1–2
(3)	35.3	(6)	42.2	(2)	51.1.5, 51.2.1
(4)	35.2–3	43		(3)	51.1.5
36		(1)	43.2	(4)	51.2.2
(1)	36.1	(2)	43.2, 43.3.3	(5)	51.3.6
(2)	36.1	(3)	43.5.2	52	
(3)	36.1	(4)	43.5.1	(1)	52.1.2, 52.1.4–5
(4)	36.1–2	(5)	43.5.4	(2)	52.1.3–4, 52.1.5, 52.1.7
(5)	36.1, 36.3	(6)	43.2–3	(3)	52.1.3–4
(6)	36.1	44		(4)	52.1.1–2, 52.1.5–6
(7)	36.1	(1)	44.2, 44.5	53	
(8)	36.1, 36.3	(2)	44.1–2, 44.4	(1)	53.1–2
(9)	36.1, 36.3	45		(2)	53.1–2
37		(1)	45.1	(3)	53.1–2
(1)	37.1–2	(2)	45.1–2	54	
(2)	37.1–2	(3)	45.2	(1)	54.1
(3)	37.3	(4)	45.2	(2)	54.1
(4)	37.1.6–8, 37.2.4	(5)	45.3–4	(3)	54.2–3
38		46		55	
(1)	38.1.1	(1)	46.1.1	(1)	55.1.1
(2)	38.1.2	(2)	46.1.1	(2)	55.1
(3)	38.1.2–3, 38.3	(3)	46.1.1	(3)	55.2.1–2
39		(4)	46.2	(4)	55.2.3–5
(1)	39.1	(5)	46.1.2	56	
(2)	39.1, 39.4	47		(1)	56.1
(3)	39.1.2–3	(1)	47.1, 47.3.2–3	(2)	56.2
(4)	39.2–3, 39.5	(2)	47.3.3, 47.3.6	(3)	56.3
(5)	39.1, 39.3	(3)	47.2		

Ex	S	Ex	S	Ex	S
57		(3)	63.1.1, 63.2.1	(2)	70.1.3
(1)	57.1.2, 57.2, 57.4.1			(3)	70.1.1–3, 70.1.8–9
(2)	57.1.2, 57.2, 57.3.1	64		(4)	70.1.6–7
(3)	57.1, 57.4	(1)	64.1.1, 64.2	(5)	70.3
(4)	57.4.1–2	(2)	64.1.3–4	(6)	70.2–3
		(3)	64.1.3		
58				71	
(1)	58.1.2	65		(1)	71.1, 71.4–5, 71.8.2
(2)	58.1.2	(1)	65.1.1–3, 65.1.7,	(2)	71.5.1
(3)	58.1.2		65.1.9–10	(3)	71.7.1–2
(4)	58.1.1, 58.3.1	(2)	65.1.3–4, 65.1.6	(4)	71.7.1–2
(5)	58.1.4, 58.3.1	(3)	65.1.2–4, 65.1.6–7,	(5)	71.7
(6)	58.1.1, 58.3.1		65.2, 65.1.9	(6)	71.7
(7)	58.2			(7)	71.8.3, 71.8.6
(8)	58.1–3	66		(8)	71.8
(9)	58.3.3	(1)	66.1.5		
(10)	58.3.3	(2)	66.1.4	72	
		(3)	66.1.1, 66.1.5	(1)	72.1.3
59				(2)	72.8
(1)	59.1	67		(3)	72.1.1, 72.8
(2)	59.1	(1)	67.1.1–2	(4)	72.1.1, 72.1.5
(3)	59.1.2	(2)	67.1.1–2, 67.1.4–5	(5)	72.6
		(3)	67.1.2, 67.1.4, 67.1	(6)	72.6
60		(4)	67.1.3, 67.1.5	(7)	72.4.2
(1)	60.1–2				
(2)	60.1	68		73	
(3)	60.3	(1)	68.1.1	(1)	73.2
		(2)	68.1.5	(2)	73.4
61		(3)	68.1.2	(3)	73.1, 73.3
(1)	61.2	(4)	68.1.6	(4)	73.6.1
(2)	61.2	(5)	68.1.7–8	(5)	73.6.1
(3)	61.1			(6)	73.6.1
		69		(7)	73.6.1
62		(1)	69.1.1	(8)	73.7
(1)	62.2.1	(2)	69.1.1	(9)	73.7
(2)	62.2.1–2	(3)	69.1.2	(10)	73.5, 73.8.2
(3)	62.1–2	(4)	69.1.1	(11)	73.13.1
(4)	62.2.1	(5)	69.2.3	(12)	73.13.1
		(6)	69.2.2–3	(13)	36.3, 73.6.1, 73.12
63		(7)	69.2.3	(14)	73.14
(1)	63.1.2, 63.1.4	(8)	69.2.3	(15)	73.15
(2)	63.2.2				
		70			
		(1)	70.1.5		

Index of grammar structures

Index of functions